언리얼 엔진 가상 현실 쿡북

예제로 배우는 VR 개발

언리얼 엔진 가상 현실 쿡북

예제로 배우는 VR 개발

미치 맥카프리 지음 | 이현진, 김명선, 김윤지, 오지혜, 허혜정 옮김

i!i
에이콘

추천의 글

"나는 꽤 오랫동안 이 책의 저자인 미치^{Mitch}가 해온 작업의 팬이었다. 2014년 초, 그는 언리얼 엔진^{Unreal Engine}에서 VR 캐릭터를 위한 새로운 이동 방식을 탐구했으며 수많은 실습 스레드가 진행되고 있는 www.unrealengine.com 포럼에서 그가 해왔던 작업의 결과와 수많은 샘플 파일을 공유했다. VR 발전 초기에도 편안한 가상 환경을 디자인하는 문제를 이해하고자 하는 그의 작업은 많은 초심자들에게 도움이 됐다. 수천 명의 사람들이 Mitch's VR Lab 유튜브 채널을 통해 명확하고 간결한 UE4 비디오로 VR에서의 이동 방식과 상호작용 메커니즘의 기초를 이해할 수 있었다. 언리얼 엔진 및 가상 현실 작업에 대한 그의 지식과 경험을 모두 이 책으로 가져올 수 있게 돼 기쁘다. 현재 자신을 향한 주목과 더불어 언리얼 엔진이라는 가상 현실의 흥미진진한 매체를 어떻게 다루는 것이 최선일지 이해하려는 열정을 가진 미치야말로 이 책을 세계와 공유할 수 있는 자격을 갖춘 유일한 사람이라고 생각한다.

– 루이스 카탈디(Luis Cataldi), 에픽 게임즈 주식회사, 언리얼 엔진 에듀케이션

지은이 소개

미치 맥카프리^{Mitch McCaffrey}

언리얼 엔진 VR 개발자를 위한 많은 커뮤니티 리소스의 독립 게임 개발자 겸 제작자다. 자신의 유명한 유튜브 채널인 Mitch's VR Lab에서 게임 개발 베스트 프랙티스를 가르치고 있으며, 커뮤니티 기반 VR 콘텐츠 예제를 통해 베스트 프랙티스들을 데모로 보여준다. 그의 웹사이트는 http://mitchvr.com이다.

감사의 말

애디슨웨슬리Addison-Wesley의 편집장인 로라 루윈Laura Lewin과 에픽 게임즈Epic Games의 교육 에반젤리스트 루이스 카탈디Luis Cataldi에게 감사한다. 이들은 내가 애디슨웨슬리와 함께 이 책을 낼 수 있도록 기회를 줬다. 애디슨웨슬리 팀에게 감사한다. 개발 편집자 셰리 레플린Sheri Replin은 모든 장을 리뷰하고 콘텐츠 프레젠테이션에 대한 가치 있는 제안을 해줬으며, 올리비아 바세조Olivia Basegio는 애디슨웨슬리의 팀과 협력하고 필요한 서류를 정리하는 데 도움을 줬다.

이 책은 기술 감수자인 클린턴 크럼플러Clinton Crumpler와 마티 머피Marty Murphy의 피드백 없이는 출판될 수 없었다. 오류를 확인하고 유용한 제안을 해준 그들에게 감사한다.

마지막으로, 이 책을 위해 늦은 밤까지 일하는 나를 이해하고 지지해준 아내 니콜라Nicola에게 고마움을 전한다.

옮긴이 소개

이현진(hyunjinlee001@gmail.com)

성균관대학교 컴퓨터공학과를 졸업하고 컴퓨터 그래픽스 분야에서 석사 학위를 받았다. LG전자 R&D센터의 소프트웨어 엔지니어며, 관심 분야는 그래픽스, 가상 현실 등이지만 '3D 울렁증'을 갖고 있다.

김명선(imagineer.msk@gmail.com)

전자공학 및 네트워크를 공부했고 전자 회사의 선행 연구소에 재직 중이다. 아이디어 내기와 무언가를 만드는 것을 좋아한다. 개발자로 오랜 기간 일하다가 새로운 것을 만드는 일에 좀 더 적극적으로 나서며 다양한 분야에 도전하고자 노력하고 있다.

김윤지(yoonjikim.vr@gmail.com)

삼성전자, LG전자에서 소프트웨어 엔지니어로 근무했으며, 현재 KAIST 산업디자인학과 박사 과정에서 UX/HCI를 연구하고 있다. 모바일 애플리케이션, 안드로이드 디바이스 드라이버, WebOS 그래픽스 컴포지터 및 VR SDK 등을 개발한 경력이 있다.

오지혜(jihye1016.oh@gmail.com)

이화여자대학교 과학교육과를 졸업하고 KAIST에서 컴퓨터 그래픽스를 전공해 석사 학위를 취득했다. 현재 LG전자 R&D 센터에 소프트웨어 엔지니어로 재직 중이며, 관심 분야는 프로그래밍 언어, 가상 현실, 그래픽스 등이다. 한적한 카페에서 책을 읽는 것과 음악을 들으면서 산책하는 것을 좋아한다.

허혜정(hj.anne.hur@gmail.com)

컴퓨터과학으로 학사, 석사, 박사 학위를 받았다. 주요 연구 분야는 가상 현실, 과학적 시각화, HCI 분야다. 현재는 전자 회사에서 그래픽스 선행 연구를 하고 있다.

옮긴이의 말

최근 VR 및 AR 기술이 빠르게 발전하며 다양한 분야에서 활용되고 있다. VR 기술은 사용자로 하여금 뛰어난 현실감과 몰입도를 가져다줄 수 있지만, 이를 위해서는 개발하는 사람의 섬세한 설계와 구현이 필요하다. 이 책은 VR을 개발할 때 언리얼 엔진을 통해 사용자의 현실감과 몰입도를 높이기 위한 다양한 방법을 설명한다. 언리얼 엔진 4는 Blueprints라는 비주얼 스크립팅 툴을 제공하고 있다. Blueprints는 노드를 연결하는 방식으로 개발자의 의도를 쉽게 반영할 수 있으며 기존 작업을 마이그레이션하는 데 용이하고, 기존의 콘텐츠에 쉽게 적용할 수 있다. 이 책의 예제를 따라 하며 VR을 개발해보자.

차례

들어가며

가상 현실^{VR}의 부활은 우리에게 달려 있으며 새롭고 매력적인 VR 경험에 대한 요구가 폭발적으로 증가하고 있다. 성장하는 10억 달러 규모의 매체인 VR은 게임 개발 세계에 새롭고 흥미로운 도전 과제를 가져오며, 이전에 시작되지 않았던 산업을 리얼타임 렌더링의 흥미진진한 영역으로 이끌고 있다. 고전적인 스타일의 아케이드 게임을 만들거나 투스카니의 초록빛 언덕에서 절경을 이루는 빌라를 시각화할 때, VR은 모든 경험에 비길 데 없는 수준의 몰입감을 선사한다. 그러나 이러한 몰입감을 구현하는 과정에서 많은 어려움이 따르며, VR을 개발할 때는 당신이 규칙을 만들어나갈 것이다.

이 책은 지난 몇 년 동안 떠오른 베스트 프랙티스와 공통 인터랙션 패러다임의 집합이다. 필드에 있는 빅 플레이어들이든, 1인 팀이든 전체 VR 커뮤니티는 VR 지식 관련 지침서를 만드는 데 놀라운 속도로 기여하고 있다. 이 책은 언리얼 엔진에서 이러한 패러다임들을 구현하는 방법을 보여줄 뿐만 아니라, 프로젝트에 적합한 패러다임을 선택하는 방법을 보여준다.

쿡북^{cookbook} 스타일로 제시된 이 책은 VR 개발의 뉘앙스를 배우는 실제적인 접근법을 취한다. 각 레시피는 오늘날 많은 VR 게임/경험에서 사용되는 공통 시스템을 구축하는 방법을 보여준다. 1인칭 슈팅 게임을 제작하든 휴식 시뮬레이터를 제작하든, 각 예제는 어떤 장르에도 적용할 수 있도록 충분히 추상화된 콘텐츠를 유지하면서도 특정 게임 유형에 적합한 특정 접근법을 언급한다.

이 책의 대상 독자

이 책은 언리얼 엔진 4^{UE4}와 Blueprints를 이미 익숙하게 사용하는 사람들을 대상으로 한다. 경험이 부족하다면, 이 책을 읽기 전에 언리얼 엔진 문서를 살펴보길 바란다. 그러나 실제 코딩과 관련해서는 대부분 설명하며, 대부분의 수학은 사이드바 및 본문에서 설명한다. 따라서 심도 있는 코딩이 요구되지는 않는다.

이 책에서 다루는 내용

1부. 시작하기   1장부터 3장까지는 이 책과 VR 산업계에서 사용하는 용어를 소개한다. 다양한 VR 헤드셋에 대한 기본 프로젝트를 만드는 방법도 설명한다.

2부. 레시피   4장부터 10장까지는 이 책의 메인 레시피를 담고 있다. 모션 컨트롤러 인터랙션부터 VR 이동 스킴에 이르기까지 모든 것을 다룬다.

3부. 부록   VR Editor 및 리소스에 대한 보조 정보는 VR 개발 과정에 도움이 될 것이다.

편집 규약

이 책에서는 다음과 같은 편집 규약을 사용한다.

텍스트에서 코드 단어는 다음과 같이 표기한다. "`BackButtonTimer` 변수에 대한 새 게터를 만들고, `GetTimerElapsedTimeByHandle` 함수를 호출한다."

화면상에 표시되는 메뉴나 버튼은 다음과 같이 표기한다. "프로젝트에서 생성한 사용자 지정 게임 모드를 사용하도록 지정하려면 Project Settings에서 Project 섹션의 Maps & Modes 섹션으로 이동한다."

노트

노트는 팁, 제안, 또는 일반적인 참고 사항을 나타낸다.

사이드바

사이드바는 본문 내용에 대한 보조 정보를 제공한다. 보조 정보는 사용된 수학 원리에 대한 설명이나 주 콘텐츠와 관련된 작업 등을 다룬다.

경고

경고는 경고 또는 주의를 나타낸다.

왜 Blueprints인가?

UE4에서 프로그래밍할 때, 당신의 게임/경험에서 로직을 구현하는 두 가지 주요 방법이 있다. 시각적 스크립팅 언어인 Blueprints와 좀 더 일반적인 코딩 언어인 C++다.

Blueprints와 비교할 때, C++는 필요한 구문^{syntax}을 배우기까지 시간이 걸릴 수 있기 때문에 약간은 애매할 수 있다. 그러나 C++는 엔진의 숨겨진 기능 중 일부에 더 많이 액세스할 수 있게 해준다. 이 책에서는 이것이 문제가 되지는 않는다. 대부분의 내용이 당신의 필요에 부합할 만큼 상위 수준에 있을 것이다.

Blueprints는 한 프로젝트에서 다른 프로젝트로 당신의 작업을 마이그레이션하는 더 쉬운 방법을 제공한다. 따라서 이 책에서 수행한 모든 작업을 가져올 수 있고, 기존의 콘텐츠에 쉽게 적용할 수 있다.

자료 웹사이트

https://github.com/mitchemmc/UE4VRCookbook에는 모든 장을 위해 필요한 다양한 소스 파일이 들어있다. 이 웹사이트에서 각 레시피에 대한 당신의 작업을 확인할 수 있다.

이 책을 informit.com에 등록하면 다운로드, 업데이트, 수정 사항이 있을 때 편리하게 액세스할 수 있다. 이 등록 과정을 시작하려면 informit.com/register로 가서 로그인하거나 계정을 생성해야 한다. 제품 ISBN(9780134649177)을 입력하고, **Submit**을 클릭한다. 과정이 완료되면, 'Registered Products(등록된 제품)'에서 사용 가능한 보너스 콘텐츠를 찾을 수 있다.

한국어판 관련 정보와 정오표는 에이콘출판사 도서정보 페이지 http://www.acornpub.co.kr/book/unreal-engine-vr-cook에서 확인할 수 있다.

1부

시작하기

1장

용어와 베스트 프랙티스

가상 현실(VR) 개발 세계는 현재 이용 가능한 엄청난 양의 경쟁 하드 웨어 및 소프트웨어로 벅찰 수 있다. 또한 VR은 새로운 매체이므로 게임 개발자가 당연한 것으로 여기는 많은 자명한 이치가 VR 게임 및 경험의 세계에서는 작동하지 않을 수 있다.

Oculus VR, OSVR, OpenVR의 차이점을 잘 모르거나 VR을 시작할 때 가장 공통적인 베스트 프랙티스를 찾고자 하는 경우라면 1장을 참 조한다.

용어

점점 성장하는 VR 생태계는 많은 기술, 소프트웨어, 디바이스로 구성된다. 1장에서는 언리얼 엔진 4^{UE4} VR 개발자가 알아야 할 생태계의 주요 부분을 살펴볼 것이다. VR 업계의 현재 상황과 관련 기술에 대해 이미 잘 알고 있다면, 1장을 건너뛰어도 좋다.

디바이스

다양한 하드웨어 디바이스 중에 VR HMD$^{Head\ Mounted\ Display}$(헤드 마운트 디스플레이) 또는 VR 컨트롤러를 선택할 수 있다. 언리얼 엔진은 대부분의 것을 바로 지원하므로 개발자가 프로젝트의 초기 단계에서 올바른 장치를 선택해야 하는 부담을 덜어준다. UE4는 멋진 VR 추상화 레이어가 있으므로 타기팅하는(또는 파이프라인의 어느 단계에서의 여러 디바이스를 타기팅하는) 디바이스를 변경하는 것은 쉬운 작업이다.

기본적으로 지원되는 HMD는 표 1.1에 설명돼 있다.

표 1.1 지원하는 VR HMD

HMD	설명
삼성 Gear VR	Gear VR은 삼성 스마트폰과 호환되는 하드웨어 제품이다. Oculus 소프트웨어를 모바일 VR로 가져오기 위해 Oculus와 삼성의 파트너십을 통해 개발됐다. Gear VR을 타기팅할 때, Oculus Mobile 소프트웨어 개발 키트(SDK)를 사용해 이러한 소프트웨어 기능의 이점을 활용할 수 있다. Gear VR은 현재 위치 오프셋을 위한 가상의 헤드 모델로 회전 트래킹만 지원한다.
HTC Vive	HTC Vive는 Gear VR과 유사한 파트너십의 결과로 개발됐다. HTC는 하드웨어를 제공하고, Valve는 SteamVR/OpenVR 형태의 소프트웨어/SDK를 제공한다. Valve는 회전 트래킹뿐만 아니라 헤드셋 및 모션 컨트롤러에 대한 일대일 위치 트래킹 기능을 제공한다. Vive를 타기팅하기 위해 Valve는 OpenVR SDK를 제공한다(OpenVR에 대한 더 자세한 내용은 표 1.3 참조). OpenVR SDK는 다양한 센서에 액세스할 수 있고 VR 경험을 위해 필요로 하는 모든 데이터를 설정할 수 있다.
Oculus Rift	Oculus Rift는 개발자 버전의 형태로 반복적인 개선 작업을 거쳤다. 마침내 2016년에 소비자를 타깃으로 하는 Consumer Version 1(CV1, 컨슈머 버전)을 출시했고 소비자들이 디바이스를 구매할 수 있게 됐다. CV1은 하드웨어를 제조하고 소프트웨어/SDK(표 1.3의 Oculus SDK 참조)를 만드는 Oculus와 완전하게 통합된 시스템이다. Rift는 HTV Vive와 유사한 회전 및 위치 트래킹을 제공한다. 또한 Xbox One 컨트롤러와 Oculus Remote가 기본 입력 디바이스로 포함돼 있다. Oculus Touch 모션 컨트롤러(표 1.2 참조)는 별도로 제공된다.

(이어짐)

HMD	설명
Google Cardboard	Google Cardboard는 단순한 버튼과 렌즈가 포함된 소형 골판지로, 개당 5~20달러에 판매된다. Cardboard에 스마트폰을 부착하면 입체적인 콘텐츠를 볼 수 있으며 스마트폰 내장 센서를 사용해 사용자의 머리 회전을 감지할 수도 있다. 단, 센서를 보정하지 않으면 회전 감지가 정확하지 않을 수 있다. Cardboard는 네이티브 안드로이드 SDK를 사용해 광범위한 디바이스 호환성을 제공한다. 이는 다른 솔루션에 비해 긴 렌더링 지연 시간(latency)을 유발하는 원인이 되기도 한다. 그러나 Cardboard는 가장 저렴한 가격에 구매할 수 있는 HMD다.
Google VR/ Daydream VR	Google VR 또는 Daydream VR은 이것의 대안인 Google Cardboard보다 더 엄격하게 제어되는 소프트웨어 및 하드웨어 생태계다. 하드웨어의 경우 스마트폰과 같은 디바이스와 헤드셋을 모두 'Daydream Ready'로 분류해야 구글의 고급 소프트웨어 기능을 사용할 수 있다. 또한 Daydream은 Daydream 컨트롤러(표 1.2 참조)를 지원한다. 이 컨트롤러는 터치패드와 회전 트래킹 기능을 제공한다. Daydream을 타깃으로 한다면 Google VR SDK(표 1.3 참조)를 사용한다.
PlayStation VR	PlayStation VR은 Playstation 4 및 PlayStation 4 Pro 게임 콘솔에서 VR 게임을 플레이하기 위한 주변 장치다. 위치 트래킹은 외부 PlayStation 카메라를 사용해 수행하고 회전 트래킹은 이 표의 다른 헤드셋과 마찬가지로 IMU(inertial measurement units, 관성 측정 단위)를 사용해 활성화된다. 또한 플레이어는 PlayStation Move 컨트롤러(표 1.2 참조)를 사용해 모션 컨트롤러 경험을 최대한 활용할 수 있다. 위치 추적 기능이 있는 DualShock 4를 사용할 수도 있다.
OSVR	OSVR(Open Source Virtual Reality)은 여러 업계 파트너의 주도로 만들어졌다. 현재 OSVR은 Razer에서 개발한 HDK 1.3 및 HDK 2 형태의 HDK(Hacker Development Kit)를 제공한다. 두 헤드셋 모두 회전 및 위치 트래킹 기능을 제공한다.

UE4에서 모션 컨트롤러는 단일 모션 컨트롤러 컴포넌트^{Motion Controller Component}를 통해 지원되므로 여러 컨트롤러에서 쉽게 타깃으로 할 수 있다. UE4가 지원하는 모션 컨트롤러에 대한 자세한 내용은 표 1.2를 참조하자.

표 1.2 지원하는 모션 컨트롤러

모션 컨트롤러	설명
Oculus Touch	Touch 컨트롤러는 Oculus의 Constellation 트래킹 시스템을 통한 회전 및 위치 트래킹을 제공한다. 각 컨트롤러에는 두 개의 버튼이 있다. 왼쪽 컨트롤러에는 X, Y 버튼이, 오른쪽 컨트롤러에는 A, B 버튼이 있다. 두 컨트롤러에는 동일하게 아날로그 썸스틱, 집게손가락으로 누를 수 있는 인덱스 트리거 버튼, 손잡이에 달려 있는 버튼이 있다. Touch 컨트롤러에 대한 지원은 Oculus SDK를 통해 활성화할 수 있다.
Vive	Vive 컨트롤러는 Valve의 Lighthouse 트래킹 시스템을 통해 회전 및 위치 트래킹을 제공한다. 각 컨트롤러에는 눌렸을 때, 아날로그 입력 또는 버튼으로 사용되는 원형 트랙패드가 있다. 그 외에 트리거, 메뉴 버튼, 그립 버튼도 있다. OpenVR SDK를 통해 Vive 컨트롤러를 활성화할 수 있다.

(이어짐)

모션 컨트롤러	설명
PlayStation Move	Move 컨트롤러는 Playstation 카메라를 통한 회전 및 위치 트래킹과 컨트롤러 상단에 위치한 RGB 색상의 구체(orb)를 제공한다. 각 컨트롤러에는 다른 PlayStation 컨트롤러와 마찬가지로 크로스(Cross), 원(Circle), 삼각형(Triangle), 사각형(Square) 버튼이 있다. 또한 이동(Move), 시작(Start), 선택(Select) 버튼과 T로 표시된 트리거 버튼이 있다.
Daydream	Daydream 컨트롤러는 회전 트래킹만 제공한다. 터치패드는 버튼 역할을 하고 그 아래에 개별 App 버튼을 제공한다. Daydream 컨트롤러는 Google VR SDK를 통해 활성화할 수 있다.

소프트웨어

많은 SDK/라이브러리/API^{Application Programming Interfaces}(애플리케이션 프로그래밍 인터페이스)가 VR 하드웨어와 인터페이스로 제공된다. UE4는 쉽게 상호 운용할 수 있게 해주는 단일 인터페이스 또는 컴포넌트로 추상화하는 경향이 있다. 그러나 필요한 경우에는 다양한 SDK와 수동으로 인터랙션할 수 있다. 개발자가 게임이나 경험을 개발할 때는 특정 SDK의 특정 기능이 주는 이점을 활용해야 하므로 여러 소프트웨어의 다양한 디자인 철학을 이해하는 것이 좋다. UE4는 엔진을 다운로드할 때 여러 SDK를 함께 다운로드하기 때문에 SDK와 수동으로 인터랙션하기 위해 별도의 파일을 다운로드하지 않아도 된다.

기본적으로 지원되는 SDK는 표 1.3에 나열돼 있다.

표 1.3 지원하는 SDK

SDK	설명
Oculus PC SDK	Oculus PC SDK는 UE4가 적절한 뷰로 렌더링할 수 있도록 필요한 정보를 엔진에 제공한다. 여기에는 사용자 머리 위치와 방향, 그리고 사용자의 IPD(interpupillary distance, 눈 사이 거리) 등이 포함된다. 또한 UE4는 렌더링 프레임을 Oculus 컴포지터에 제공하고 HMD 렌즈를 수정하는 데 필요한 왜곡을 적용한다. 다행히 대부분의 경우에는 엔진이 이를 처리하기 때문에 개발자는 이 부분을 걱정할 필요가 없다. Oculus SDK는 화면에 다른 해상도로 다른 것을 그릴 수 있는 레이어를 제공한다. 이 기능은 배경보다 높은 해상도로 텍스트를 렌더링하려는 UI(User Interface, 사용자 인터페이스)가 있을 때 유용하다. ATW(Asynchronous Timewarp, 비동기 타임워프, 표 1.4 참조)와 같은 기능은 런타임에 자동으로 처리되기 때문에 이를 활성화하는 것에 대해 걱정할 필요가 없다.

(이어짐)

SDK	설명
Oculus Mobile SDK	Oculus Mobile SDK를 사용하면 렌더링에 필요한 머리 방향과 기타 사용자 정보를 비롯해 PC SDK와 동일한 기능을 이용할 수 있다. PC 런타임과 마찬가지로 모바일 런타임은 ATW를 사용한다. 그러나 모바일 런타임은 스캔라인 레이싱이라고 불리는 프론트 버퍼 렌더링도 지원한다(표 1.4 참조).
Oculus Audio SDK	Oculus Audio SDK는 VR용 3D 오디오를 현실감 있게 공간화하고 생성하는 방법을 제공한다. Oculus Audio SDK는 머리 관련 전달 함수(HRTF, head-related transfer function)를 오디오 소스에 적용해 인간 귀의 기하학 모델링을 통해 방향성 오디오를 시뮬레이션한다. 또한 소리의 크기를 줄임으로써 소리에서 귀까지의 거리를 시뮬레이션한다. Oculus Audio SDK의 HRTF는 UE4에서 구현되며 엔진에서 거리 곡선을 수동으로 생성할 수 있다. 그러나 현재 이 구현은 PC와 같은 DirectX 기반 프로젝트에만 적용된다.
OpenVR SDK	OpenVR SDK는 위치와 방향 같은 HMD의 필요한 정보에 대한 액세스를 제공한다는 점에서 Oculus PC SDK와 유사하다. 또한 OpenVR SDK에는 Chaperone과 Overlay에 대한 액세스를 제공하는 인터페이스가 있다. Chaperone은 사용자 플레이 공간을 나타내는 Valve의 가상 경계며 2D 콘텐츠를 컴포지터로 렌더링하는 Overlay는 Oculus의 레이어와 비슷하다. OpenVR은 ATW와 유사한 재투영(reprojection)과 예측을 지원한다.
OSVR SDK	OSVR SDK는 VR 경험 생성을 위한 다양한 인터페이스에 대한 액세스를 제공한다. '모든 것을 지원하는' 특성 덕분에 OSVR SDK는 위치, 방향과 같은 HMD 정보를 얻기 위한 좀 더 필수적인 인터페이스를 포함한다. 이외에도 아이 트래킹, 전방향(omnidirectional) 러닝 머신, 제스처 등을 위한 인터페이스도 가진다. 언리얼 엔진 4.12에는 OSVR SDK 통합이 추가됐다.
Google VR SDK	Google VR SDK를 사용하면 HMD의 헤드 트래킹 데이터뿐 아니라 경험을 최적화할 수 있는 다양한 기능에 액세스할 수 있다. 또한 지속적 성능 모드를 활성화할 수 있는데, 이 성능 모드는 스마트폰에서 중요한 역할을 한다. 폰 성능을 발열 한계에 따라 제한시키는 것은 사용자 경험에 심각한 영향을 줄 수 있기 때문이다. 또한 Google VR SDK는 렌더링 파이프라인에서 대기 시간을 최적화하는 스캔라인 레이싱 기능에 액세스할 수 있게 한다(표 1.4 참조).

UE4가 VR 하드웨어의 다양한 비트와 인터랙션하는 데 사용하는 SDK와 라이브러리 이외에도, VR 경험을 향상시키기 위해 UE4가 엔진에 구현하는 특정 소프트웨어 기능이 있다. 또한 ATW와 같은, 다양한 런타임에 의해 구현돼 기본적으로 사용 가능하고 개발자가 제어할 수 없는 그 밖의 소프트웨어 기능도 있다. 표 1.4는 UE4에서 사용 가능한 두 가지 유형의 소프트웨어를 보여준다.

> **노트**
>
> 이러한 많은 기능에 대해서는 10장, 'VR 최적화'에서 자세히 설명할 것이다.

표 1.4 지원하는 소프트웨어 기능

기능	설명
인스턴스화된 스테레오 렌더링	인스턴스화된 스테레오 렌더링은 플레이어 뷰의 왼쪽 눈과 오른쪽 눈을 순차적으로 렌더링하는 대신 동시에 렌더링한다. 이것은 CPU와 GPU 렌더링 시간 모두에서 이득이다. 인스턴스화된 스테레오 렌더링은 UE4에서 기본적으로 지원되는 기능이지만, 일부 렌더링 기능이 UE4에서 작동하지 않기 때문에 디폴트로 비활성화돼 있다. 경우에 따라 GPU 성능을 저하시킬 수 있으므로, 자신의 콘텐츠를 테스트하는 것이 중요하다.
메시 최적화	UE4의 가려진 영역 메시 최적화 기능을 사용하면 렌더러가 HMD 렌즈의 왜곡으로 인해 보이지 않는 픽셀을 처리하지 않기 때문에, 궁극적으로 GPU 시간을 절약할 수 있다. 이 최적화 기능은 별다른 작업 없이 기본적으로 동작한다.
타임워프(Timewarp)/ 재투영(reprojection)	Oculus 런타임과 함께 쓰이는 타임워프와 OpenVR 런타임과 함께 쓰이는 재투영은 모두 드롭된 프레임을 보완하는 데 사용된다. 즉, 앱이 디스플레이의 다음 리프레시 타임에 렌더링되지 않을 때 렌더러가 같은 프레임을 요청하며 두 번 표시하는 대신 드롭된 프레임을 보완하게 한다. 두 런타임 모두 이전 프레임을 사용자의 최신 머리 회전으로 재투영해 더 부드러운 경험을 제공한다. 이 두 기술의 차이점은 미묘하며 10장에서 설명할 것이다. 언급한 바와 같이, 두 기술은 각각의 런타임에 의해 처리되기 때문에 그것들을 가능하게 하기 위해 할 일은 아무것도 없다. 그러나 개발자는 이 기능을 오류 프레임 속도를 개선하는 데 사용해서는 안 되며 대신 제어할 수 없는 성능 문제에 대한 대비책으로 사용해야 한다.
프론트 버퍼 렌더링/ 스캔라인 레이싱	일반 3D 애플리케이션에서 디스플레이로 렌더링할 때 불완전한 이미지가 사용자에게 표시되지 않도록, 이미지를 프론트 버퍼로 스왑하기 전에 백 버퍼로 렌더링해 화면으로 보낼 수 있다. 이는 VR 애플리케이션에서 프레임이 최소 지연 시간을 갖게 한다. 자세한 설명은 10장을 참조한다. 이를 피하기 위해 주요 SDK(당분간은 모바일 SDK)는 프론트 버퍼로 직접 렌더링한다. 즉 픽셀 단위, 라인 단위의 판독 값을 프론트 버퍼에서 디스플레이로 이동시켜 글자 그대로 '스캔 레이싱'한다. 이는 일부 재투영의 예측 가능성과 VR 프레임을 렌더링할 때 구현되는 예측 기술로 인해 수행될 수 있다. 이 기능은 Oculus Mobile SDK에서 기본적으로 동작하지만, Google VR에서는 옵션으로 선택해야 한다.
디퍼드(deferred)/ 포워드(forward) 렌더링	3D 씬 렌더링에는 두 가지 주요 기술인 포워드 방식과 디퍼드 방식이 있다. 초기에 대부분의 게임 엔진은 작은 장면에 대한 단순성과 효율성 때문에 포워드 방식을 기반으로 했다. 하지만 많은 엔진은 더 많은 동적인 조명과 SSRs(screen space reflections) 같은 향상된 공간 효과들을 허용하기 위해 디퍼드 방식으로 전환됐거나 디퍼드 방식을 포함하게 됐다. 그러나 성능이 굉장히 중요한 VR에서는 포워드 렌더링이 더 매력적인 옵션이 될 수 있다. 모바일에서는 포워드 렌더링만이 가능한 옵션이므로 Gear VR 및 Google VR의 경우 포워드 렌더링으로 다루게 된다. 데스크톱의 경우 UE4는 기본적으로 디퍼드 렌더러지만, 에픽에서는 큰 성능 향상을 가져올 데스크톱용 포워드 렌더러를 개발하고 있다.

언리얼 엔진

게임을 만들고 경험을 제공하기 위해서는 여러 가지 시스템이 함께 작동해야 한다. 다행히도 UE4에는 이러한 시스템과 상호작용할 수 있는 훌륭한 툴이 있다. 표 1.5는 이 책에서 사용된 시스템을 설명한다.

표 1.5 이 책에서 사용된 언리얼 엔진 시스템

시스템	설명
언리얼 모션 그래픽스(UMG)	UMG는 UE4의 데이터 기반 UI 시스템이다. UMG 위젯을 사용하기 위해서는 UMG UI Designer로 코드를 사용하지 않고 UI를 쉽게 만들 수 있다. 또한 UMG는 키 프레임 애니메이션 및 동적 UI 확장을 지원한다.
Blueprints	Blueprints는 UE4의 비주얼 스크립팅 언어. 매우 빠른 이터레이션(iteration)이 가능하며 프로그래밍 언어 구문에 익숙하지 않은 사용자에게 좋은 툴이다(이 책에서는 주로 Blueprints를 사용할 것이다).
Sequencer	Sequencer는 UE4의 고급 시네마틱 툴이다. 키 프레이밍을 통해 일련의 애니메이션을 만들 수 있으며 기존 NLE(비선형 편집기)와 유사한 스타일로 잘라내거나 이동할 수 있다.
Persona	Persona는 UE4의 애니메이션 편집기다. 역운동학 시스템을 생성하기 위한 애니메이션 블렌드를 쉽게 할 수 있도록 하는 등 많은 기능을 갖추고 있다.

베스트 프랙티스

VR은 이제 뜨기 시작한 산업 분야며, 우리가 하는 방식을 완전히 결정하기 전에 많은 실험이 이뤄져야 한다. 많은 시간, 특정 역학 또는 기능이 VR에서 얼마나 잘 작동할 것인가에 대한 초기의 좋은 아이디어는 실패하고, 막상 구현을 마치고 시도했을 때 잘 동작할 것이라고 생각하지 못했던 것들이 오히려 멋지게 작동할 수도 있다.

연구와 테스트를 통해, Oculus와 에픽은 대다수가 VR에서 불편함을 느낄 수 있는 몇 가지 사실을 발견했다. 글을 쓰는 시점에서 다음과 같은 관련 기사를 찾을 수 있었다.

- https://developer.oculus.com/documentation/intro-vr/latest/
- https://docs.unrealengine.com/latest/INT/Platforms/VR/ContentSetup/index.html

UE4 베스트 프랙티스 가이드는 다루는 주제 중 많은 부분이 UE4에 해당하며 VR에 대한 경험을 최적화하는 방법이기 때문에 모든 언리얼 엔진 VR 개발자를 위한 좋은 출발점이다. HZB^{Hierarchical Z-Buffer}를 비활성화하고 인스턴스화된 입체 음향을 렌더링하는 것과 같은 여러 내용이 10장에 자세히 설명돼 있다. VR 경험에 대한 좀 더 일반적인 팁을 찾고 있다면, Oculus 베스트 프랙티스 가이드에서 찾을 수 있다.

요약하면 다음과 같다.

- 가능한 경우 화면 공간 효과는 사용하지 않는 것을 권한다. 최상의 경우에도 좋지 않게 보일 수 있으며, 최악의 경우에는 양쪽 눈 사이의 스테레오 불일치가 발생할 수 있다.

- 목표 디스플레이 프레임 속도보다 약간 높은 프레임 속도를 목표로 한다. 이 것은 어떤 지연도 큰 불편함을 유발하지 않도록 보장한다(리프로젝션 기술에 의존하지 않는다).

- 프레임 속도를 높이려면 렌더링된 해상도를 낮추는 것이 좋다. 이 작업은 UE4의 r.screenPercentage 콘솔 명령을 사용해 수행할 수 있다(10장 참조).

- 카메라는 항상 플레이어의 머리 동작으로 제어할 수 있어야 한다. 시네마틱 카메라의 사용을 피하고 메뉴 또는 레벨 로드 중에서 비동기 로딩을 사용한다. 사용자의 제어 없이 카메라가 움직이는 카메라 흔들림 및 기타 효과를 피한다.

- 플레이어 뷰의 시야각을 오버라이드하지 마라. 회전 시 불편함이 발생한다.

- 가속을 피한다. 안구 전정 불일치(플레이어의 눈이 보는 것과 귀가 느끼는 것 사이의 불일치)를 일으키고 메스꺼움을 유발한다(자세한 내용은 9장, 'VR 로코모션' 참조).

두 문서 모두 VR 개발자에게 훌륭한 정보를 담고 있다. 전부 읽는 것을 추천한다.

요약

이제 직접 인터페이싱하지 않더라도 UE4가 지원하는 다양한 VR 하드웨어 장치와 VR 경험을 만드는 데 필요한 라이브러리를 포함해 이 책에서 사용되는 몇 가지 용어에 익숙해졌을 것이다. 또한 VR 경험을 최적화하는 데 사용된 몇몇 기술에 대한 통찰력을 얻게 됐다(더 많은 것을 배우고 싶다면 10장을 참조하길 바란다). 마지막에는 주요 VR 회사 두 곳의 현재 베스트 프랙티스를 살펴봤다.

헤드 마운트 디스플레이 설정하기

VR 경험을 만들기 시작할 때 겪을 여러 어려움을 UE4가 덜어주겠지
만 많은 것들이 그렇듯 몇몇 공통적인 함정에 빠지는 것을 막기 위해
프로젝트의 기본적인 설정 방법을 이해해두는 것이 좋다.

2장에서는 기본 VR 기능을 기반으로 원하는 HMD를 사용할 수 있게
프로젝트를 설정하는 방법을 설명한다.

Gear VR ▬▬▬▬▬▬▬▬▬▬▬▬

Gear VR은 안드로이드^{Android} 플랫폼을 기반에 두고 있으므로 프로젝트를 설정하고
기기에 배포할 준비를 하는 데 몇 가지 단계가 더 필요하다. 또한 Oculus 사의 앱스
토어 등록 수락을 받기 위해서는 몇 가지 사항의 설정이 필요하다.

에픽 문서는 엔진이 스마트폰을 감지하고 실행될 수 있는 정확한 설정을 제공한다.
다음 링크에서 확인할 수 있다.

- https://docs.unrealengine.com/latest/INT/Platforms/GearVR/
  Prerequisites/index.html

다음을 잘 따라해 보자.

1. 스마트폰의 개발자 모드를 활성화한다.
2. 스마트폰의 USB 디버깅 옵션을 활성화한다.
3. 안드로이드 개발자 팩을 설치한다.
4. 개발 빌드와 함께 패키지화된 OSIG^{Oculus Signature File}를 생성한다. 이는 추후
   개발한 앱이 Oculus 스토어를 통하지 않고도 스마트폰에서 실행될 수 있게
   한다.
5. OSIG를 현재 엔진의 Engine/Build/Android/Java/assets 폴더로 복사한다.

Gear VR 프로젝트 설정하기

스마트폰에 엔진이 설치되도록 설정한 후 동일한 작업을 당신의 프로젝트에도 설정
해야 한다. 먼저 새 Blueprint 프로젝트를 만든다. 대상 장치를 Mobile/Tablet으로 설
정한 후 확장성을 Scalable 3D or 2D로 설정하고 시작 콘텐츠는 포함하지 않도록 한다
(그림 2.1 참조). 이러한 설정은 UE4의 일부 고급 그래픽 기능이 기본적으로 포함되지
않도록 하기 위한 것이다(정확한 기능을 보려면 10장, 'VR 최적화' 참조).

그림 2.1 Gear VR 초기 프로젝트 설정

프로젝트를 생성한 후에는 기본 Gear VR 게임에 필요한 에셋asset 및 폴더 구조를 만들어야 한다.

1. 프로젝트의 루트root 콘텐츠 폴더 아래에 두 개의 폴더를 생성한다. 각각 Blueprint, Material로 이름을 지정한다.

2. HUD(헤드업 디스플레이)라는 폴더를 하나 더 생성해 Blueprints 폴더 아래에 놓는다.

3. 새 게임 모드를 생성한다. Blueprints 폴더를 마우스 오른쪽 단추로 클릭하고 **Create Basic Asset**에서 `Blueprint` 클래스를 선택한 후 게임 모드를 선택하는 대화 상자를 연다.

4. 새로운 게임 모드의 이름을 GearVRGM으로 지정한다.

5. HUD 폴더를 마우스 오른쪽 단추로 클릭하고 Blueprint 클래스를 한 번 더 선택해 새로운 HUD Blueprint를 생성한다. 이번에 나타나는 대화 상자에서 **All Classes** 드롭다운을 확장하고 HUD를 검색한다. 검색 결과 목록에서 HUD라고만 적혀 있는 항목을 선택한 후 선택 버튼을 클릭한다(그림 2.2 참조).

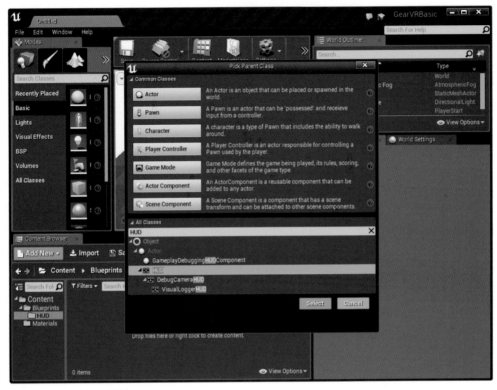

그림 2.2 Gear VR HUD 생성

6. 새로 생성된 HUD GlobalMenu의 이름을 지정한다. 이것은 앞으로 로딩 바를 표시하고 Gear VR의 글로벌 메뉴를 열 때를 감지한다.

7. Materials 폴더를 마우스 오른쪽 단추로 클릭하고 새 Material을 생성한 후 UICircle로 이름을 지정한다. 이것은 메뉴 진행 서클을 만들기 위해 애니메이션을 적용할 Material이다(Gear VR 개발자 가이드라인에서는 메뉴 표시기를 원형으로 한정하고 있지 않지만, UE4의 Material Editor 기능을 보여주기에는 좋은 예다).

이제 프로젝트가 그림 2.3처럼 보일 것이다.

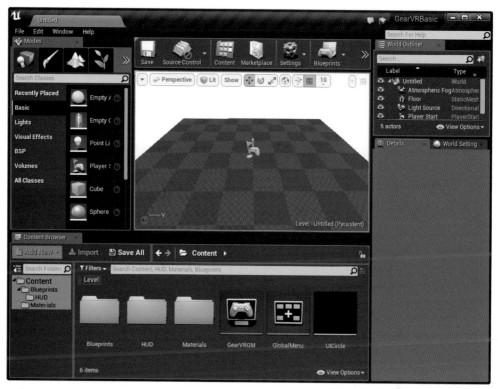

그림 2.3 Gear VR 프로젝트 개요

이제 Project Settings에 들어가서 Gear에 배포할 수 있도록 모든 것이 올바르게 설정돼 있는지 확인한다.

1. 프로젝트 설정을 Edit ➤ Project Settings를 통해 열고 플랫폼 아래의 Android 섹션으로 이동한다. 여기에서 Android 설정을 구성한다.

2. 창 상단에 나타나는 배너에서 Configure Now 버튼을 클릭한다.

3. APKPackaging 섹션에서 Minimum SDK 및 Target SDK Versions를 19로 설정한다.

4. 이 섹션에서 Package game data inside.apk?(.apk 파일에 게임 데이터를 포함할까요?)를 체크한다. obb 파일(텍스처와 같은 큰 바이너리 데이터가 들어있는 파일)을 .apk(Android Application Package) 내에 패키지화하기 위해서인데 Oculus 스토어가 하나의 .apk 파일만 허용하기 때문이다.

5. Advanced APKPackaging 섹션에서 Configure the AndroidManifest for deployment to GearVR을 선택한다. 이는 앱이 Gear VR 애플리케이션으로 열리도록 스마트폰에 알리기 위해서다. 이 설정은 그림 2.4에 나와 있다.

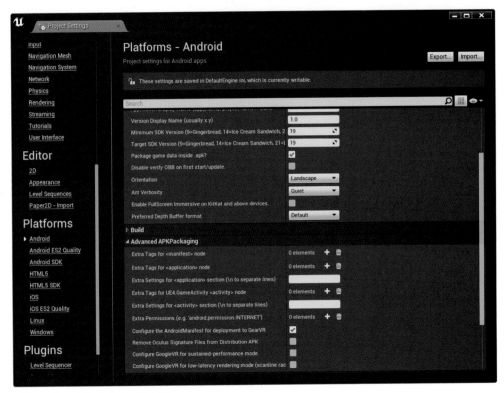

그림 2.4 Gear VR: Android 설정 구성

6. UE4에서 기본 터치 조이스틱을 제거하기 위해 프로젝트 설정에서 Engine 섹션 아래의 Input Setting으로 간다.

7. Default Touch Interface의 드롭다운을 클릭하고 Clear 옵션을 선택한다(그림 2.5 참조).

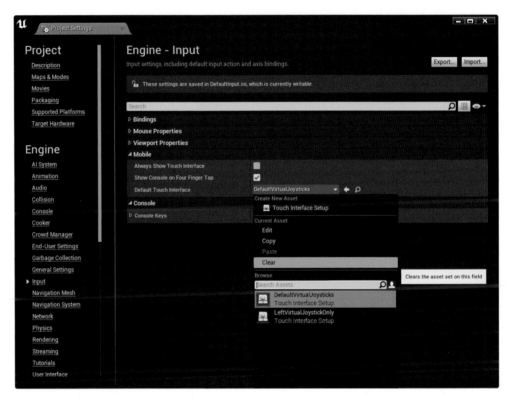

그림 2.5 Gear VR: 기본 조이스틱 제거하기

8. 프로젝트에서 생성한 사용자 지정 게임 모드를 사용하도록 지정하려면 Project Settings에서 Project 섹션의 Maps & Modes 섹션으로 이동한다.

9. Default GameMode의 드롭다운을 선택하고 이전에 설정한 GearVRGM을 선택한다(그림 2.6 참조).

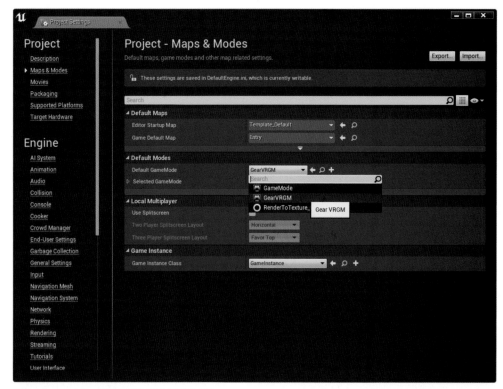

그림 2.6 Gear VR: 새로운 기본 게임 모드 활성화

Gear VR 글로벌 메뉴 설정

Gear VR 응용프로그램을 Oculus 스토어에 추가하려면 애플리케이션에 홈 버튼을 길게 눌러 Gear VR 메뉴를 여는 기능을 제공해야 한다. 기본적으로 **Back** 버튼을 짧게 클릭하면 사용자에게 앱을 종료할 것인지 묻고, 길게 누르면 전체 메뉴를 연다. 그러나 전역 메뉴로 전환하거나 짧은 누름 기능을 만들려면 이 기능을 무시하고 홈 버튼을 길게 눌러 전역 메뉴를 여는 사용자 지정 이벤트를 만들어야 한다.

> **노트**
>
> 여기에서 사용되는 HUD Blueprint는 이러한 종류의 사용자 인터페이스에 편리하다. 그러나 언리얼 엔진 4.13의 초기 버전에서는 에픽이 HUD Blueprints와 VR이 호환되지 않았다. 이 버전의 엔진을 사용하는 경우 HUD Blueprint에 대한 Pawn 클래스의 Widget 컴포넌트로 대체할 수 있다(6장, '언리얼 모션 그래픽스와 2D 사용자 인터페이스' 참조).

1. GearVRGM 게임 모드 Blueprint를 열고 HUD 클래스를 **GlobalMenu**로 설정해 엔진에 커스텀 HUD를 사용하는 것을 알린다(그림 2.7 참조).

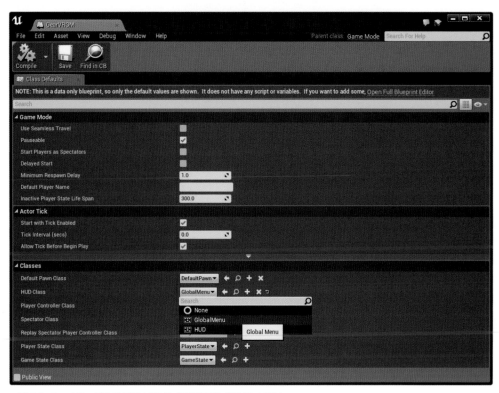

그림 2.7 Gear VR: 사용자 정의 HUD를 사용하도록 게임 모드 구성

2. GlobalMenu Blueprint를 열고 `OpenMenu`라는 새 함수를 생성한다. 그 함수 내에 새 ExecuteConsoleCommand 노드를 만들고 그 함수 실행 핀에 연결한다.

3. ExecuteConsoleCommand의 Command 입력 핀에 OVRGLOBALMENU를 입력한다. 이것은 이 기능을 호출할 때마다 Gear VR 메뉴를 열어준다(그림 2.8 참조).

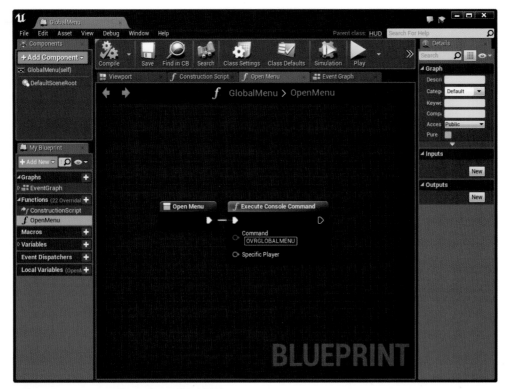

그림 2.8 Gear VR: HUD용 OpenMenu 함수 만들기

4. 세 개의 새 변수를 생성한다.

   ■ Timer Handle의 첫 번째 타입을 만들고, `BackButtonTimer`로 이름을 지정한다.

   ■ Material Instance Dynamic의 두 번째 타입을 만들고, `CircleMat`이라는 이름을 지정한다.

   ■ 마지막으로 `CircleRadius`라는 이름의 새 Float 변수를 만들고, 기본값을 30으로 설정한다.

5. Event Graph를 마우스 오른쪽 버튼으로 클릭하고 AndroidBack을 검색해 새 AndroidBack 입력 이벤트를 생성한다(문맥-인식 검색을 해제해야 할 수도 있다).

6. Pressed 실행 핀에서 드래그해, 새 SetTimeByFunctionName 노드를 생성한다.

7. 이 노드의 Function Name 입력 노드를 OpenMenu로 설정한다. 이것은 타이머가 이전에 설정한 함수를 호출하게 만들 것이다.

8. Time 입력 노드에 0.75를 설정한다. 이것은 개발자 가이드라인에서 Oculus가 요구하는 시간이다.

9. SetTimerByFunctionName 노드의 Return Value 핀에서 드래그해, `BackButtonTimer` 변수에 대한 새 세터[setter] 노드를 생성한다.

10. `BackButtonTimer` 변수에 대한 게터[getter] 노드를 드래그하고, `ClearTimerBy Handler` 함수를 호출하고, 입력 실행 핀을 AndroidBack 이벤트의 Release 실행 핀으로 연결한다(그림 2.9 참조). 이렇게 하면 **AndroidBack** 버튼을 누를 때 0.75까지 카운팅하는 새 타이머를 만들고, 버튼을 놓을 때 그 타이머는 취소된다.

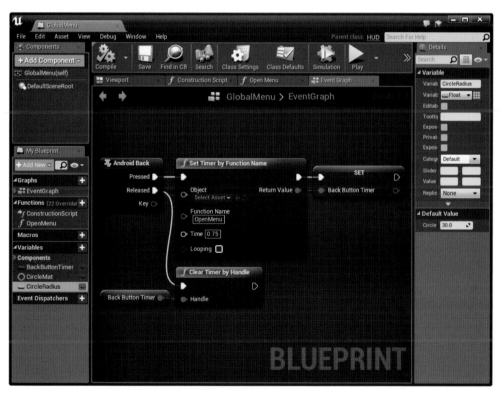

그림 2.9 Gear VR: Back 버튼을 길게 누르면 메뉴가 열리는 타이머를 생성한다.

11. **Event Graph**를 마우스 오른쪽 버튼으로 클릭하고 GetOwningPlayer Controller를 선택하면 새 `GetOwningPlayerController` 순수 함수를 생성한다.

12. 이 새 노드의 Return Value에서 드래그해 EnableInput 이벤트를 호출한다. GetOwningPlayerController 노드가 EnableInput 이벤트의 Player Controller 이벤트 핀에 연결되도록 해야 한다.

13. EventBeginPlay 이벤트의 출력 실행 핀을 EnableInput 노드에 연결한다. 이렇게 하면 AndroidBack 이벤트가 필요할 때 입력 이벤트를 캡처해서 실행될 것이다.

14. EnableInput 이벤트 다음으로 ExecuteConsoleCommand 이벤트에 새로운 호출을 추가한다. gearvr.handlebackbutton 0을 커맨드 파라미터로 전달한다. 이렇게 하면 Gear VR 런타임을 통해 당신의 **Back** 버튼 기능을 프로그래밍할 수 있다.

15. Specific Player 입력 핀의 경우, GetOwningPlayerController 노드를 연결한다.

16. ExecuteConsoleCommand 이벤트 후, Parent 핀의 드롭다운을 클릭하고 이전에 만든 UICircle Material을 선택해 `CreateDynamicMaterialInstance` 함수에 새로운 호출을 추가한다. 이렇게 하면 로딩 서클에 애니메이션할 수 있는 동적 Material을 생성한다.

17. CreateDynamicMaterialInstance 노드의 반환 값에서 드래그해, `CircleMat` 변수에 대한 세터를 생성한다(그림 2.10 참조).

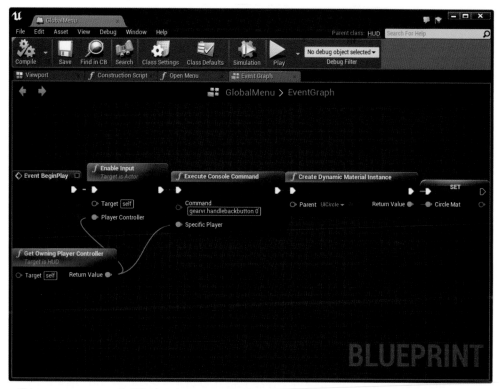

그림 2.10 Gear VR: HUD를 위한 입력 및 동적 Material 설정하기

다음 작업은 **Back** 버튼을 누를 때 화면에 Material을 애니메이션하고 그리는 것이다.

1. **Event Graph**를 오른쪽 버튼으로 클릭하고, 새로운 EventReceiveDrawHUD 노드를 생성한다.

2. 이 이벤트의 실행 핀을 드래그해서 새로운 Branch 노드를 생성한다.

3. BackButtonTimer 변수를 위한 새 게터를 드래그하고 IsTimerActiveByHandle 순수 함수를 호출한 후 Branch 노드의 Condition 입력 핀에 Return Value를 연결한다. 이렇게 하면 **Back** 버튼을 눌렀을 때만 UI가 그려진다.

4. 다른 게터(이번에는 CircleMat 변수)를 드래그하고 그 게터에 SetScalar ParameterValue 이벤트를 호출한다.

5. Parameter Name 입력 핀에 PercentComplete를 입력한다. 이렇게 하면 곧 생성될 UICircle Material의 스칼라 파라미터와 일치한다.

6. Branch 노드의 True 출력 핀을 SetScalarParameterValue 노드의 입력 실행 핀에 연결한다.

7. `BackButtonTimer` 변수에 대한 새 게터를 만들고, `GetTimerElapsedTime ByHandle` 함수를 호출한다.

8. 이 함수의 Return Value에서 드래그해 새 Float - Float 노드를 생성한다. 두 번째 핀에 0.75를 입력한다. 이것은 0과 1 사이의 시간 결과 값을 정규화한다.

9. 이 부분의 출력을 SetScalarParameterValue 노드의 Value 입력 핀에 연결한다.

10. `CircleMat` 변수에 대한 새 게터를 드래그하고, `DrawMaterial` 함수를 호출한다. SetScalarParameterValue 노드의 출력을 입력 실행 핀에 연결한다.

11. Size X와 Size Y 출력 핀에서 드래그한 후 `Int * Float` 함수를 호출해서 두 번째 핀에 0.5를 전달한다. 이 값을 사용해 화면 가운데를 계산할 것이다.

12. 이 두 Multiply 노드의 경우, 출력 핀에서 드래그하고 새로운 Float - Float 노드를 만들어 두 번째 핀에 `CircleRadius` 함수를 위한 새 변수 게터를 전달한다. 이렇게 하면 UI 요소의 사이즈가 올바른지, 화면 가운데에 실제로 있는지 확신할 수 있다.

13. Size X에 대한 계산을 DrawMaterial 이벤트의 Screen X 입력 핀에 연결하고 Size Y를 Screen Y에 연결한다.

14. `CircleRadius` 변수에 대한 새로운 게터를 드래그하고 `Float * Float` 함수를 호출해서 두 번째 핀으로 2를 전달한다. 그러고 나서 이것을 DrawMaterial 이벤트의 Screen W와 Screen H 입력 모두에 전달한다.

15. Material UWidth와 DrawMaterial 이벤트의 Material VHeight 입력 핀에 1을 설정한다.

이 이벤트는 이제 그림 2.11과 같아야 한다.

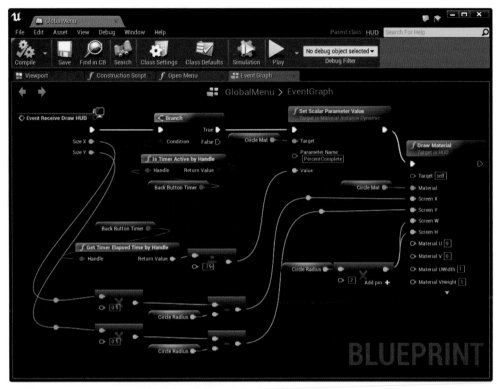

그림 2.11 Gear VR: HUD Material을 애니메이션하고 그리기

Gear VR 전역 메뉴 Progress Material 만들기

Gear VR 전역 메뉴를 열기 위해 사용자가 **Back** 버튼을 길게 누른다. 이때, 이상적으로 사용자에게 동작 상태를 알려주는 어떤 시각적 피드백이 있어야 한다.

이를 위해 Oculus에서는 우리가 경험했던 것과 유사한 원형 회전자spinner를 생성할 것이다.

1. 이전에 만든 Materials 폴더에서 UICircle Material을 연다.
2. **Details** 패널에서 Material 도메인을 사용자 인터페이스로 설정한다. 이것은 출력 Material 핀을 심각하게 제한하지만, 기본 Material을 위해 필요한 모든 것을 가지고 있다.

3. 여전히 Details 패널에서, Blend Mode를 Translucent(반투명)로 설정한다. 두 개의 링인 불투명도 진행 링과 배경 투명 링이 있어야 하기 때문이다.

4. 마우스 오른쪽 버튼을 클릭하고 TextureCoordinate를 찾거나 키보드의 U 키를 누른 상태로 그래프를 클릭해 새로운 TextureCoordinate 노드를 생성한다.

5. 새로운 VectorToRadialValue 노드를 생성한다. 이것은 당신이 원을 생성할 수 있도록 도울 것이다.

6. TexCoord의 출력을 VectorToRadialValue 노드의 Vector 입력으로 전달하고 Linear Distance 출력을 Material의 Final Color로 전달했다면 왼쪽 상단 코너에서 시작되는 원형의 그라디언트[gradient]를 생성할 수 있다. 이것을 Material의 중심으로 변환하기 위해 VectorToRadialValue 노드에 입력한 값을 스케일하고 이동해야 한다.

   - 그렇게 하기 위해 그래프에 ConstantBiasScale이라는 새로운 노드를 추가하고, Details 패널에 바이어스[bias]를 −0.5로, 스케일을 2.0으로 지정한다.

   - ConstantBiasScale 노드의 효과를 확인하고 싶다면 TexCoord와 VectorToRadialValue 사이에 ConstantBiasScale을 연결한다.

   - 이제 Material의 중앙에 서클 그라데이션이 나타난다.

7. Final Color에서 Linear Distance 핀을 분리하고 Vector Converted to Angle 핀을 연결한다. 이제 프로젝트의 상태가 그림 2.12와 비슷할 것이다.

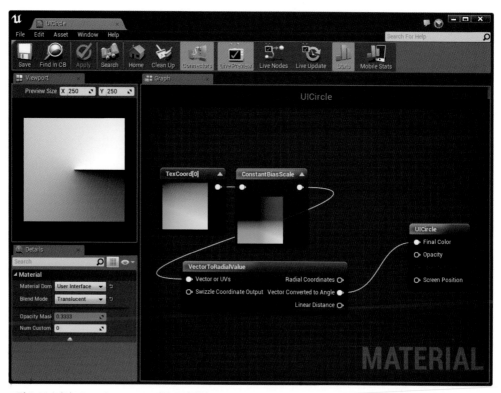

그림 2.12 기어 VR HUD Material: 기본 그라디언트

이상적으로, 이 새로운 그라디언트가 어떻게 원형 회전자를 생성하는 데 도움이 되는지 확인할 수 있다.

현재 그라디언트가 가진 문제점은 오른쪽을 향해 움직인다는 것이다. 아날로 그 시계가 움직이는 것처럼 애니메이션하기 위해서는 오른쪽이 아닌 위쪽을 향하게 움직여야 하기 때문이다.

8. Material을 회전시키려면 Swizzle 노드를 추가하고, 이 노드를 ConstantBiasScale과 VectorToRadialValue 사이에 두고 XY와 YX 패스를 선택한다.

9. 이제 Material이 회전한다. 거꾸로 된 문제를 해결하기 위해 OneMinus 노드를 생성하고 TexCoord 노드와 ConstantBiasScale 노드 사이에 배치한다. 이 배치를 통해 TexCoord를 뒤집어 그라데이션을 적절하게 만든다.

10. 완료한 양을 제어하려면 새로운 스칼라 매개변수 노드를 생성하고 세부 정보 패널을 통해 PercentComplete로 이름을 지정한다.

11. PercentComplete 노드에서 드래그하고 VectorToRadialValue 노드의 Vector Converted to Angle 출력을 두 번째 입력에 연결해 새로운 추가 노드를 생성한다.

12. Add 노드에서 드래그해 새로운 Floor 노드를 생성한다. 이 기능을 통해 1보다 작은 모든 것을 검은색으로 변환하고 1 이상의 모든 것을 흰색으로 변환할 수 있다. 이후에 이것을 마스크mask 중 하나로 사용할 것이다.

13. 이제 Floor의 출력을 Final Color에 연결한다. 결과는 그림 2.13과 비슷해야 한다(PercentComplete 값을 변경해 출력이 어떻게 변하는지 확인해본다).

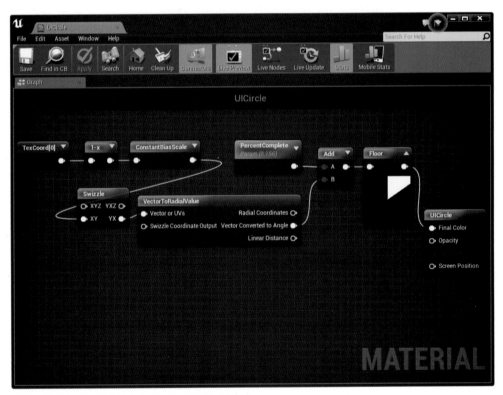

그림 2.13 Gear VR HUD Material: 애니메이션되는 회전 마스크

첫 번째 마스크를 얻었으니 이제 실제로 원을 만들 차례다. 이를 위해 두 개의 원이 필요하다. 바깥쪽 원과 안쪽 원이다. 안쪽 원은 멋진 링^{ring}을 만들기 위해 바깥쪽 원의 영역에서부터 잘라내는 용도다.

1. VectorToRadialValue 노드의 Linear Distance에서 드래그해 그라디언트를 반전시킬 새로운 OneMinus 노드를 생성한다.

2. 안쪽 원을 먼저 생성한 후, OneMinus 노드의 출력에서 끌어다 놓고 새로운 Subtract 노드를 생성한다.

   - 다른 스칼라 매개변수를 만들어 Width라는 이름을 지정하고 기본값을 0.4로 설정한다. 이 값은 링의 너비를 조절하는 데 사용된다.

   - Width 매개변수를 Subtract 노드의 두 번째 입력에 연결한다.

3. Subtract 노드 다음에 0 이상의 값을 최대 1로 반올림하는 새 Ceil 노드를 생성한다.

4. Ceil이 0과 1 사이에 있도록 새로운 Clamp 노드를 추가한다.

5. 바깥쪽 원을 생성하기 위해 OneMinus 노드를 한 번 더 드래그하고 Ceil 노드를 추가해 그라디언트를 흑백으로 변환한다.

6. 마지막으로 링을 생성하기 위해 필요한 것은 바깥쪽 링을 생성하고 안쪽 링의 Clamp 결과를 빼는 데 사용한 Ceil의 출력을 가져오는 일이다.

7. 링 마스크를 끝내기 위해 PercentComplete 마스크에서 Floor 출력을 가져온 후 링 마스크에 대한 Subtract 출력과 곱한다. 결과적으로 PercentComplete 값을 변경하면 링 채우기가 애니메이션된다.

8. Multiply의 출력을 Material의 Opacity와 연결하고 Final Color 핀에 연결된 모든 것의 연결을 해제하자. 결과는 그림 2.14와 비슷할 것이다.

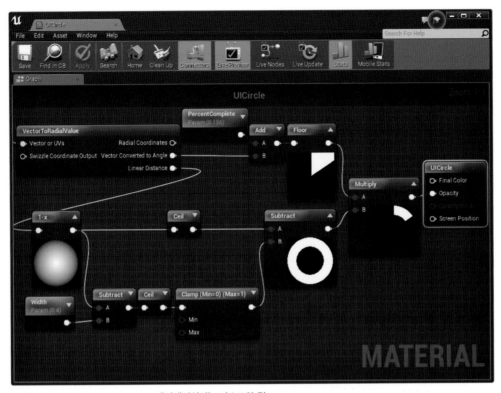

그림 2.14 Gear VR HUD Material: 애니메이션되는 마스크와 링

9. 링의 색을 제어하기 위해 그래프에 새 매개변수 노드를 추가하고 이름을 Color로 지정한다.

10. 벡터 매개변수의 기본 색상을 원하는 링 색상(책에서는 R = 0.266, G = 0.485, B = 0.896 값을 갖는 청색을 사용)으로 설정하고 노드의 흰색 출력 핀을 Final Color Material 핀에 연결한다.

11. Material이 동작하는 데 필요한 기능을 모두 갖고 있으므로 원한다면 여기서 그만해도 된다. 그러나 링의 배경이 항상 밝고 전경보다 투명한 레벨을 갖고 있다면 더 좋을 것이다.

   ▪ 그렇게 하기 위해 MinTransparency라는 이름의 또 다른 새로운 스칼라 매개변수 노드를 생성한다. 기본값은 0.1로 설정한다.

- 생성한 노드에 연결된 새로운 Add 노드를 추가하고 PercentComplete 패스의 Floor를 두 번째 핀에 연결한다.

12. 새로운 Add 노드를 드래그하고 다른 Clamp 노드를 생성해 0에서 1 사이의 값으로 작업하고 있는지 확인한다. 마지막으로 이 노드의 출력을 두 개의 마스크를 결합하는 데 사용한 Multiply 입력에 연결한다. 이제 그림 2.15와 같은 Material을 확인할 수 있다.

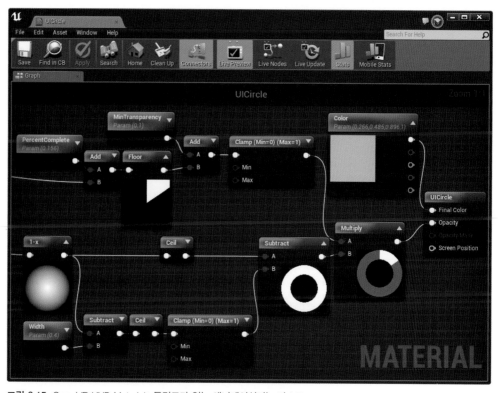

그림 2.15 Gear VR HUD Material: 투명도가 있는 애니메이션되는 마스크

이제 스마트폰을 컴퓨터에 연결하고 **Launch**를 클릭하면, Gear의 **Back** 버튼을 누르고 Gear VR Global Menu로 이동하는 애니메이션 원을 볼 수 있다(그림 2.16 참조).

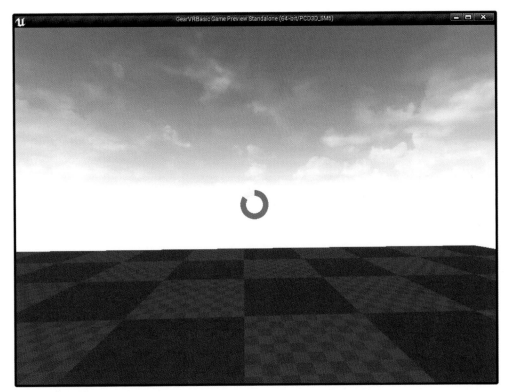

GearVRBasic Game Preview Standalone (64-bit/PCD3D_SM5)

그림 2.16 게임 중의 Gear VR HUD Material

Rift와 Vive

Rift와 Vive는 Gear VR보다 쉽게 설치해 사용할 수 있다. 이를 가능케 하는 주된 이유는 사용자가 배포할 시스템인 PC에서 개발한다는 것이다. 따라서 Gear VR에서 했던 디바이스 실행 단계가 필요하지 않다. 디바이스 실행 단계는 많은 시간이 걸릴 수 있는 프로세스다.

Gear VR처럼 에픽도 Rift의 설정 과정을 안내해주는 멋진 문서를 제공한다.

- https://docs.unrealengine.com/latest/INT/Platforms/Oculus/QuickStart/index.html

Vive에 대한 설정 정보는 다음에서 찾을 수 있다.

- https://docs.unrealengine.com/latest/INT/Platforms/SteamVR/QuickStart/index.html

Rift를 개발하기 위해 필요한 것은 다음과 같다.

1. Oculus 런타임 설치하기
2. 편집기에서 **VR Preview** 버튼 클릭하기

Vive를 개발하기 위해서는 다음과 같이 진행하면 된다.

1. SteamVR을 설치하고 Room Setup 실행하기
2. 편집기에서 **VR Preview** 버튼 클릭하기

Rift 및 Vive 프로젝트 설정

기본 Rift 또는 Vive 프로젝트를 설정하려면 Player Pawn과 게임 모드만 있으면 된다 (기술적으로는 Pawn만으로도 가능하다).

이를 위해 타깃 디바이스를 Mobile/Tablet으로, 확장성은 Scalable 3D or 2D로 설정해 어떠한 시작 콘텐츠도 포함하지 않는 새로운 Blueprint 프로젝트를 생성한다(그림 2.1 참조). 이 설정은 UE4의 고급 그래픽 기능 중 일부가 기본값으로 비활성화된 것을 보장한다(정확히 어떤 기능인지 보고 싶다면 10장을 참조한다).

프로젝트를 체계적으로 정리할 수 있도록 처음부터 기본 폴더 구조를 정하는 것이 좋다. 폴더 구조가 정해지면 Rift/Vive 경험을 생성하기 위해 필요한 기본 Blueprints를 추가한다.

1. 폴더명이 Content인 루트 콘텐츠 폴더 아래에 Blueprints라는 새 폴더를 생성한다.

2. 새로운 Blueprints 두 개를 생성한다. 하나는 VRGameMode라는 게임 모드고, 다른 하나는 VRPawn이라는 Pawn이다. 이제 여러분의 프로젝트는 그림 2.17과 비슷해야 한다.

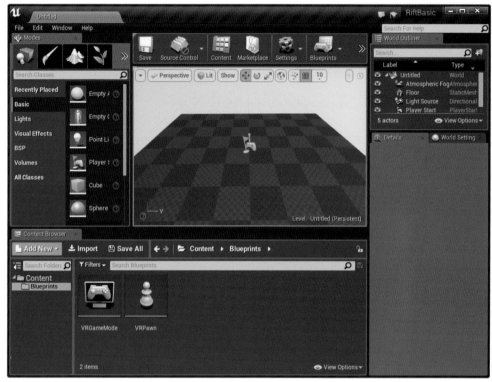

그림 2.17 기본 데스크톱 VR 설정

3. Project Settings(Edit ➤ Project Settings)로 가서 Maps & Modes 섹션을 선택하고 Default GameMode를 방금 만든 VRGameMode로 변경한다(그림 2.18 참조).

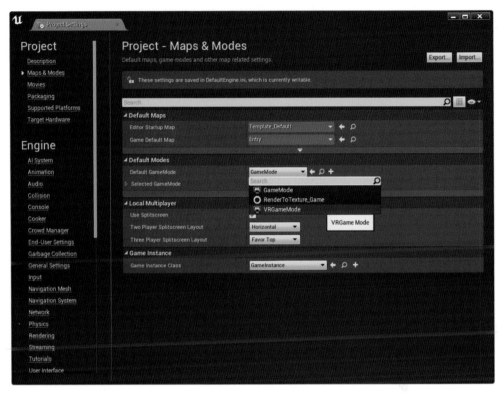

그림 2.18 데스크톱 VR 기본 게임 모드

4. VRGameMode Blueprint를 열고 **Default Pawn Class**를 미리 생성해둔 VRPawn으로 설정한다(그림 2.19 참조).

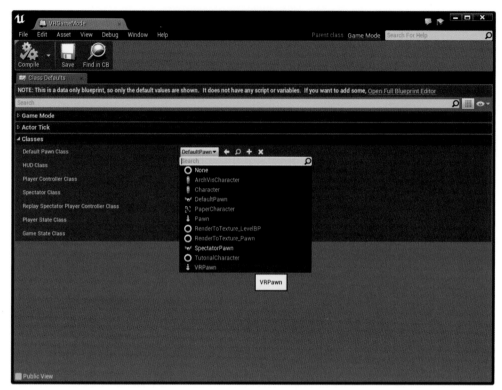

그림 2.19 데스크톱 VR 게임 모드

5. VRPawn을 열고 네 개의 새 컴포넌트를 추가한다.

  ■ 첫 번째 컴포넌트는 CameraRoot라는 Scene이다. 이것은 Camera의 루트며 Pawn에서 원하는 위치에 Camera를 배치할 수 있게 한다.

  ■ 새로운 Camera 컴포넌트를 생성해 **Components** 탭의 CameraRoot 위로 드래그한다. 그 결과 생성한 Camera 컴포넌트는 CameraRoot의 하위 구성 요소child가 된다.

  ■ 두 개의 Motion Controller 컴포넌트를 생성하자. 첫 번째는 MotionController_L로, 두 번째는 MotionController_R로 이름을 정한다(그림 2.20 참조).

- 두 번째 모션 컨트롤러에서 Details 패널의 Hand 변수를 Right로 변경한다.
이를 통해 모션 컨트롤러가 오른손으로 제어된다.

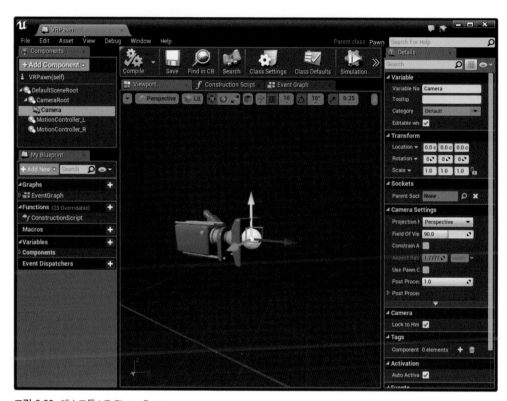

그림 2.20 데스크톱 VR Player Pawn

6. VRPawn의 Event Graph를 열고 EventBeginPlay 노드에서 드래그해 새로운
SetTrackingOrigin 노드를 생성한다. 이때, Origin 입력 핀이 **Floor Level**로 설
정돼 있는지 확인한다(그림 2.21 참조). 그리고 Rift와 Vive를 스탠딩 경험으로
설정한다. 다른 트래킹 원점에 대해서는 다음 절인 'Rift와 Vive의 트래킹 원
점'을 참조한다.

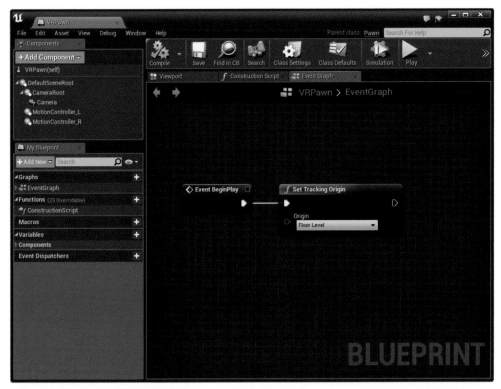

그림 2.21 데스크톱 VR 스탠딩 트래킹 원점

7. 스탠딩 경험을 위해 Pawn을 설정했으므로, 기본 Player Start 위치를 바닥으로 이동해야 한다. 이는 HMD 위치가 플레이어의 실제 바닥과 관련되기 때문이다. 레벨에서 Player Start를 잡고 Z축으로 20cm만큼 이동한다. 이것은 UE4 스타터 맵에서 기본 바닥 높이이다(그림 2.22 참조).

그림 2.22 데스크톱 VR Player Start

Rift와 Vive 트래킹 원점

Rift와 Vive는 모두 개발자에게 앉아있거나 서 있는 경험을 대상으로 하는 방법을 제공한다. UE4에서 이를 수행하기 위해 사용하고자 하는 트래킹 원점을 엔진에 알려준다(그림 2.21 참조).

기본적으로 Rift는 VR 카메라의 기본 위치를 사용 가능한 트래킹 카메라의 수평 1m 앞으로 지정하는 앉아있는 경험이나 Eye Level 트래킹 원점을 대상으로 한다(그림 2.23 참조). 그러나 트래킹 원점이 UE4에서 **Floor Level**로 설정된 경우, Rift의 기본 카메라 위치는 사용자가 Oculus 런타임을 설정할 때 보정한 바닥이 된다(그림 2.24 참조).

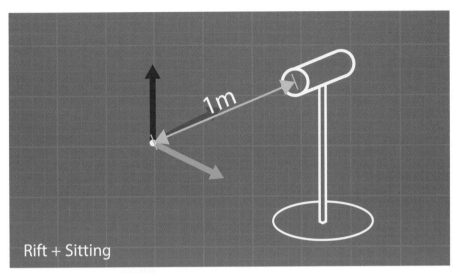

그림 2.23 Rift Eye Level 트래킹 원점

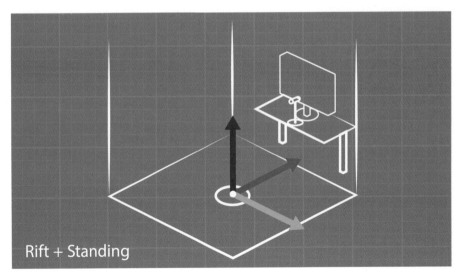

그림 2.24 Rift Floor Level 트래킹 원점

Vive의 경우 스탠딩 경험을 대상으로 하는 것이 기본이다(Floor Level 트래킹 원점). 이것은 사용자의 플레이 공간 중앙과 바닥에 기본 카메라 위치를 지정한다(그림 2.25 참조). 앉아있는 경험을 대상으로 할 때, Vive의 트래킹 원점은 기본적으로 사용자 게임 공간의 모니터 측 중간에 있다(그림 2.26 참조).

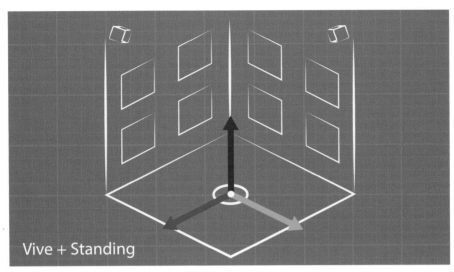

그림 2.25 Vive Floor Level 트래킹 원점

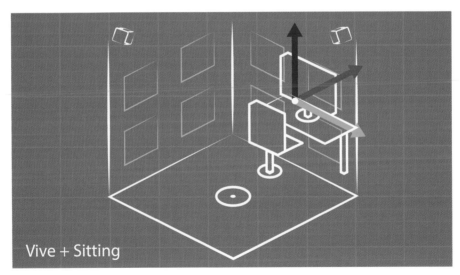

그림 2.26 Vive Eye Level 트래킹 원점

요약

이제는 자신만의 VR 경험을 만들 수 있는 기반을 확보했다. 2장에서는 모바일 VR, 필요한 메뉴 로딩 UI 생성과 데스크톱 VR에 대해 설명했다. 또한 앉아있거나 서 있는 (혹은 둘 다) 트래킹 원점을 사용자 경험의 대상으로 삼을지 여부를 선택하는 것도 다뤘다. 이제 레시피를 보고 VR을 배우는 것을 시작하는 데 필요한 모든 것을 갖췄다.

3장

툴킷

UE4는 VR 경험을 만들 때 사용할 수 있는 Blueprint 기능의 방대한 툴킷(toolkit)을 제공한다. 3장에서는 언리얼 엔진이 제공하는 일반적인 VR 라이브러리 중 일부와 벤더가 제공하는 특정 라이브러리를 소개한다.

일반 함수 라이브러리 ▰▰▰▰▰▰▰▰

UE4에서 VR 경험을 만들 때 현재 사용자의 머리 위치에서 HMD 센서 온도까지 쿼리할 수 있는 다양한 헬퍼와 함수를 사용할 수 있다.

언리얼 엔진이 개별 HMD의 SDK와 상호작용할 수 있게 해주는 API 특정 기능과 함께, 여러 HMD에서 공통적으로 다양한 기능에 액세스할 수 있는 일반적인 헤드 마운트 디스플레이 함수 라이브러리가 있다(표 3.1 참조).

표 3.1 일반적인 헤드 마운트 디스플레이 함수

함수명	설명	호환성
위치 트래킹 카메라 매개변수 가져오기	HMD의 트래킹 카메라에 대한 시야각과 같은 값을 반환한다. 헤드셋 원점을 기준으로 카메라의 위치와 회전을 반환한다.	Rift만 지원. Gear VR에는 위치 트래킹 기능이 없으며 Vive는 카메라를 사용하지 않는다. 4.13에서는 더 이상 사용되지 않는 기능이다.
트래킹 센서 매개변수 가져오기	위치 트래킹 센서가 연결돼 있으면 값을 반환한다.	4.13에서 추가됐다.
회전/위치 얻기	HMD 원점에서 헤드셋의 상대 방향과 상대 위치를 반환한다.	모든 HMD에서 동작한다.
헤드 마운트 디스플레이가 활성화돼 있는지 여부	HMD가 연결돼 렌더링되고 있는지 여부를 반환한다.	모든 HMD에서 동작한다.
화면 비율 가져오기	렌더링 타깃의 현재 스크린 비율/해상도 스케일링을 가져온다.	Oculus 기기에서만 동작한다. Vive는 r.screenPercentage 콘솔 명령을 통해 화면 비율을 트래킹하고 HMD SP 명령을 통해 Rift를 트래킹한다.
트래킹 원점 얻어오기	HMD(Floor 또는 Eye 레벨 중 하나)의 현재 트래킹 원점을 반환한다.	Rift의 기본값은 Eye 레벨이고 Vive의 기본값은 Floor 레벨이다. 4.11에서 추가됐다.
VR 포커스 상태 가져오기	엔진이 VR 컴포지터에 포커스를 가지고 있는지 여부를 반환한다.	Vive용으로는 구현되지 않았다. 4.11에서 추가됐다.
미터 스케일로 월드 가져오기	VR 뷰의 비례 배율을 허용하는 현재 월드 대 미터 스케일 인수를 반환한다.	모든 HMD에서 동작한다.
저잔상 모드(Low Persistence Mode) 여부	HMD 디스플레이가 저잔상 모드인지 여부를 반환한다.	Rift와 Vive의 경우 항상 True를 반환한다.
트래킹 원점 설정	트래킹 원점을 Eye 레벨 또는 Floor 레벨로 설정할 수 있다.	Rift와 Vive에서 동작한다. 4.11에서 추가됐다.

(이어짐)

함수명	설명	호환성
클리핑 평면(Clipping Plane) 설정	VR 특정 카메라 클리핑 평면을 설정한다.	Vive용으로는 구현되지 않았다.
월드를 미터 스케일로 설정	월드를 VR 뷰의 비례 배율을 허용하는 미터 스케일로 설정한다.	모든 HMD에서 동작한다.
회전 및 위치 재설정	HMD 원점의 방향이나 위치를 현재의 HMD 트랜스폼으로 리셋한다.	모든 HMD에서 동작한다.
HMD 활성화	HMD를 활성화한다.	독립 실행형 게임에서만 작동한다. 그 외의 경우 엔진이 VR 컴포지터보다 우선한다.
HMD 장치 이름 가져오기	현재 연결된 HMD의 이름을 반환한다(예: Gear VR의 GearVR).	모든 HMD에서 동작한다. 4.13에서 추가됐다.

Oculus 함수 라이브러리

일반 HMD 함수 라이브러리와 함께 UE4는 HMD에 좀 더 특정한 기능에 액세스할 수 있도록 하는 SDK 관련 라이브러리에 대한 액세스를 제공한다.

Oculus 함수 라이브러리를 사용하면 현재의 Oculus 사용자 프로필에 대한 정보뿐만 아니라 HMD에 대한 좀 더 낮은 레벨의 정보에 액세스할 수 있다(표 3.2 참조).

> **노트**
> 표 3.2의 함수들은 특히 Gear VR 및 Rift 헤드셋에서만 작동한다.

표 3.2 Oculus 함수

함수명	설명	호환성
미터 단위로 베이스 회전과 베이스 오프셋 가져오기	현재 HMD의 원점과 게임의 초기 HMD 원점의 오프셋을 반환한다.	
플레이어 카메라 관리자 Follow HMD 가져오기	카메라 관리자에서 Follow HMD가 활성화됐는지 여부를 반환한다.	4.11에서 제거된 옵션이다.
포즈 가져오기	가상 헤드(head) 모델의 HMD 위치와 회전 및 목의 위치를 가져온다.	

(이어짐)

함수명	설명	호환성
로우 센서 데이터 가져오기	헤드셋의 IMU 로우 데이터를 반환한다. 모션의 작은 변화를 감지하는 데 사용할 수 있다.	
사용자 프로필 가져오기	이름, 성별, 플레이어 신장과 같은 현재 사용자의 프로필 정보를 반환한다.	
자동 로딩 스플래시 화면 여부	레벨 로딩 사이에 사용자 정의 스플래시 화면을 자동으로 표시할지 여부를 반환한다(기본값은 True).	
플레이어 컨트롤러의 Follow HMD가 활성화됐는지 여부	플레이어 컨트롤러의 Follow HMD 상태에 대한 정보를 반환한다.	4.11에서 제거된 옵션이다.
로딩 스플래시 화면 추가	사용자 정의 텍스처를 지정하고 사용자 정의 스플래시 화면을 트랜스폼할 수 있다.	
로딩 아이콘 표시	사용자 정의 트랜스폼 없이 스플래시 화면과 유사한 단일 2D 텍스처를 표시한다.	4.13에서 추가됐다.
로딩 아이콘 숨기기	표시된 로딩 아이콘을 숨긴다.	4.13에서 추가됐다.
로딩 아이콘 활성화 여부	로딩 아이콘이 표시되고 있는지 여부를 반환한다.	4.13에서 추가됐다.
위치 스케일 3D를 설정	HMD의 위치 트래킹을 조정한다.	구현되지 않았다.
로딩 스플래시 화면 삭제	현재 표시된 모든 스플래시 화면을 지운다.	
자동 로딩 스플래시 스크린 활성화	레벨 로딩 사이에 사용자 정의 비동기 스플래시 화면을 자동으로 표시할지 여부를 설정한다(기본값은 True).	
플레이어 카메라 관리자의 Follow HMD 활성화	플레이어 카메라 관리자에서 Follow HMD를 활성화한다.	4.11에서 제거된 옵션이다.
로딩 스플래시 화면 나타내기	사용자 정의 스플래시 화면을 보여준다.	
플레이어 컨트롤러 Follow HMD 활성화	플레이어 컨트롤러에서 Follow HMD를 활성화한다.	4.11에서 제거된 옵션이다.
로딩 스플래시 화면 숨기기	사용자 정의 스플래시 화면을 숨긴다.	
베이스 회전과 베이스 오프셋 미터 단위로 설정	HMD 원점에 대한 사용자 정의 오프셋을 설정한다.	

SteamVR 함수 라이브러리

SteamVR은 Oculus Function Library보다 기능이 적지만 Vive Controller 및 Base Station에 액세스할 수 있다.

Oculus Function Library와 마찬가지로 표 3.3의 함수는 SteamVR 기기에서만 작동한다.

표 3.3 SteamVR 함수

함수명	설명	호환성
손 위치와 방향 가져오기	HMD 원점을 기준으로 SteamVR 컨트롤러 세트의 왼쪽 또는 오른쪽 손의 위치와 방향을 반환한다.	모션 컨트롤러 구성 요소의 최신 업데이트를 고려하지 않았다.
장치의 위치와 방향 가져오기	장치 ID가 주어지면 이 장치의 방향과 위치를 HMD 원점을 기준으로 반환한다.	
유효한 장치 ID 가져오기	주어진 장치 유형에 대한 ID 배열을 반환한다.	

요약

이제 VR 경험을 만들 때 사용할 수 있는 함수의 유형이 일반 HMD 함수 라이브러리 함수인지 또는 특정한 디바이스의 라이브러리 함수인지 알 수 있을 것이다. 필요한 모든 것을 알았으니 자신만의 경험을 만들기 위해 레시피를 만들어보자.

2부

레시피

4장

트레이스 인터랙션

VR을 사용하면 개발자는 이전에 액세스할 수 없었던 자연스러운 형태의 입력을 사용할 수 있다. 그중 가장 중요한 것은 플레이어의 머리부분으로, 4장에서는 VR 세계의 오브젝트와 인터랙션하기 위해 입력을 사용하는 방법을 설명한다.

트레이스를 이해하는 것은 거의 모든 VR 게임에서 필수적이다. 이 장에서는 쉽게 확장할 수 있는 사용자 인터랙션을 위한 모듈형 시스템을 생성한다.

트레이스 인터랙션의 이해

VR에서 트레이스 인터랙션은 플레이어가 보고 있는 오브젝트(모션 컨트롤러의 경우 포인팅)를 감지해 플레이어가 게임 안의 세계와 인터랙션할 수 있게 하는 일반적인 방법이다.

트레이스(또는 레이 캐스트)는 UE4의 맥락에서 넓은 정의를 가지며 일반적으로 컴퓨터 그래픽스의 맥락에서 훨씬 더 광범위한 정의를 가지고 있다. 그러나 이 책에서 트레이스에 대해 언급할 때는 시작 지점과 끝 지점을 설정하고, 이 두 점 사이의 모든 오브젝트를 감지하는 것과 관련된 언리얼 엔진 내부의 함수 집합을 말한다.

언리얼 엔진은 다양한 트레이스 옵션을 제공한다. 시작 지점과 끝 지점 사이에 존재하는 선이 모든 오브젝트에 의해 차단되는지 여부를 감지하는 간단한 라인 트레이스 (그림 4.1 참조)부터 박스, 스피어 또는 캡슐을 정의하고 시작 지점에서 끝 지점까지 트레이스할 때 어떤 오브젝트가 해당 오브젝트와 교차하는지 감지할 수 있는 셰이프 shape 트레이스에 이르기까지 다양한 옵션이 있다(스피어 트레이스는 그림 4.1에 나와 있다).

그림 4.1 UE4에서 제공하는 트레이스 함수의 예

서로 다른 트레이스 셰이프(라인, 박스 등) 외에도 각 셰이프에는 오브젝트 트레이스와 채널 트레이스라는 두 가지 별개의 특성이 있다(그림 4.1 참조). 둘 사이에 약간 차이가 있기 때문에 처음 시작하는 사람에게는 선택하는 것이 어려울 수 있다.

상세히 분석해보면 두 트레이스(Object 및 Channel)가 Object 트레이스의 Object Types 매개변수와 Channel 트레이스의 Trace Channel 매개변수를 제외하고는 모두 동일한 입력 매개변수를 제공하고 있음을 알 수 있다. 언리얼 엔진의 콜리전 시스템으로 작업해본 경험이 있는 사람들은 UE4가 Object와 Trace라는 두 가지 유형으로 콜리전 응답을 제공함을 알고 있을 것이다. 이러한 콜리전 채널은 두 개의 트레이스 유형과 완벽하게 일치한다. 즉, 적절한 트레이스 기능을 사용한다면 UE4를 통해 신경 쓰지 않는 오브젝트는 무시하고 월드의 특정 유형 오브젝트를 검색(트레이스)할 수 있다. 이러한 추적 유형의 또 다른 점은 Object 트레이스를 사용하면 트레이스할 여러 유형을 정의할 수 있지만(플레이어나 차량과 같은 특정 유형의 오브젝트를 테스트하려는 경우 유용할 수 있음) Channel 트레이스는 하나의 트레이스 채널만 선택할 수 있다는 것이다. 기본적으로 제공되는 트레이스 유형은 Visibility 및 Camera지만 커스텀 Object 콜리전 응답과 마찬가지로 Project Settings를 통해 더 많은 기능을 추가할 수 있다.

트레이스를 설정하는 방법은 무엇일까?

게임에서 플레이어가 찾고 있는 시작 지점과 끝 지점을 계산할 수 있는 두 가지 주요 속성에 접근할 수 있다. 두 속성은 벡터(특정 좌표 공간에서 점이나 방향을 나타내는 데 사용할 수 있는 숫자의 그룹화)로 표시된다. 첫 번째는 월드 공간에서 플레이어의 머리 위치다. 즉 이 벡터의 X, Y, Z는 게임 내 월드 원점을 기준으로 전방, 오른쪽 및 위쪽 값을 나타낸다. 두 번째 벡터는 플레이어 머리의 전면 시선 방향으로, 플레이어의 눈을 대신하는 게임 내 카메라에서 가져온다. 이 두 벡터는 그림 4.2와 같다.

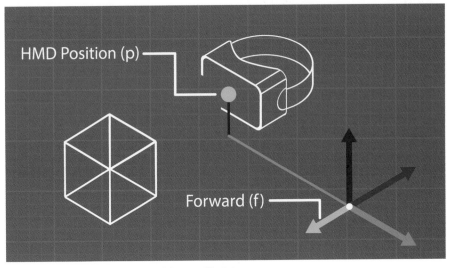

그림 4.2 UE4에서 표현된 HMD의 위치(p) 및 시선(f) 벡터

이러한 변수들을 추적에 사용하기 위해 먼저 HMD의 월드 좌표를 추적 시작 위치로 직접 지정한다. 이후 최종 추적 위치를 얻기 위해 간단한 연산이 필요하다. 그전에 다음과 같은 약간의 배경지식이 필요하다. UE4의 방향 벡터 길이는 항상 1이다. 이것은 원하는 벡터의 길이를 방향 벡터에 곱해 벡터를 간단히 스케일링시킬 수 있는 좋은 속성이다(이 숫자는 추적을 원하는 시간으로 나타낸다. 1UU^Unreal Unit은 1cm와 같으므로 100UU의 길이는 1m다). 이 벡터를 원하는 길이로 조정한 후 플레이어의 머리 위치에 더하게 되면, 처음의 월드 원점이 아닌 플레이어 머리를 기준으로 위치하게 된다(그림 4.3 참조).

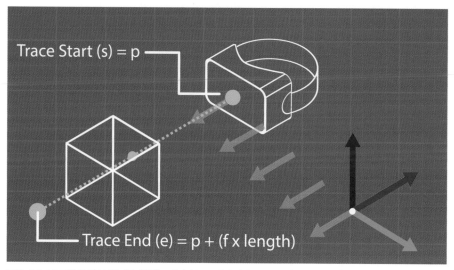

그림 4.3 HMD(f)의 시선 벡터를 원하는 길이만큼 스케일링해 트레이스(더 큰 주황색 원)의 시작과 끝 점을 계산한 후 이를 HMD의 월드 좌표(p)에 더하고 나서 끝 점이 월드 스페이스에 있는지 확인한다.

원하는 컴포넌트(이 경우 Camera 컴포넌트)에서 GetWorldLocation 및 GetForwardVector Blueprint 노드를 사용해 게임 내에서의 월드 원점과 방향 벡터를 얻어낸다(그림 4.4 참조).

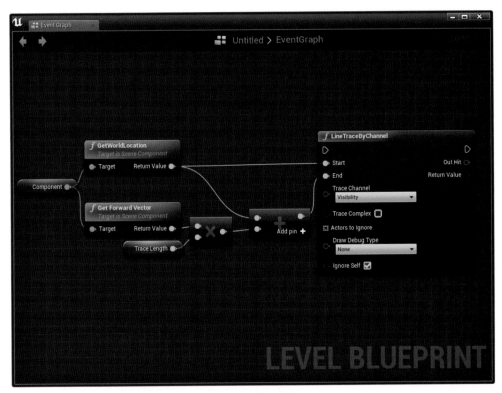

그림 4.4 컴포넌트 이전의 오브젝트를 찾는 간단한 트레이스 함수 설정

인터페이스의 이해

인터페이스는 인터랙션 시스템을 만드는 데 사용할 핵심 오브젝트 중 하나다. 이를 통해 게임 내 캐릭터는 다른 오브젝트와 소통할 수 있다.

프로그래밍 경험이 있고 인터페이스에 익숙한 사용자는 이 절을 건너뛰고 '트레이스 인터랙션 설정하기' 절로 넘어가도 무방하다.

프로그래밍에서는 인터페이스(프로토콜이라고도 함)를 통해 오브젝트가 호출될 때 구현되고 수행할 수 있는 기능 세트를 정의할 수 있다. 이것은 플레이어가 할 수 있는 일련의 인터랙션을 초기에 정의하는 인터랙션 시스템과 같은 것들에 유용하다. 이를 통해 월드 내의 모든 오브젝트는 플레이어에게 가능한 인터랙션들을 알릴 수 있다.

플레이어는 구현 오브젝트가 해당 인터랙션을 처리하는 방법을 알지 못해도 됨을 상기해두자.

예를 들어, 플레이어가 쳐다봤을 때 구르기 시작하는 공과 회전하는 큐브가 있다고 가정해보자. Look Interaction 인터페이스를 사용하면 플레이어가 공을 굴리거나 큐브를 돌릴 수 있다는 것을 모르더라도(신경 쓰지 않아도) 이 두 오브젝트 모두 Look At 기능을 호출할 수 있다.

이렇게 트리거와 액션을 분리하면 확장성이 뛰어나고 인터랙션 가능한 오브젝트를 추가할 수 있는 인터랙션 시스템을 생성할 수 있다. 단지 Look Interaction을 했는지 안 했는지를 구분할 하나의 오브젝트(일반적으로 플레이어)만 있으면 된다.

객체지향 프로그래밍object-oriented programming에 익숙한 독자는 오브젝트에 기능을 부여하는 또 다른 방법인 부모로부터의 기능 상속에 익숙할 것이다. 보고 있는 오브젝트에 인터랙션 기능을 가진 부모가 있는 경우 필요에 따라 알맞은 함수를 호출할 수 있는 인터랙션 시스템으로 잘 작동한다.

그러나 이 경우 단점이 하나 있는데 적어도 Blueprints에서 오브젝트는 단 하나의 부모만 가질 수 있다는 것이다. 예를 들어 각각 사면체와 돼지가 인터랙션 가능하도록 하고 싶을 때, 돼지는 Animal 클래스로부터 상속받고 사면체는 Shape 클래스로부터 상속받는 것이 더 합리적일지라도 동일한 오브젝트로부터 상속받아야 한다(차이점은 그림 4.5 참조).

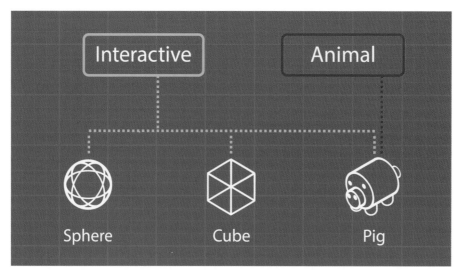

그림 4.5 인터페이스 vs. 클래스. 인터페이스(노란색)를 사용하면 사면체, 구, 돼지가 서로 인터랙션할 수 있으면서도 돼지는 여전히 Animal의 부모 클래스(빨간색)로부터 상속받을 수 있다. 이와 같은 경우 Blueprints에서는 단일 상속만 허용되기 때문에 인터페이스가 클래스인 경우에는 불가능하다.

트레이스 인터랙션 설정하기

게임과 VR 경험에서 사용해볼 수 있도록 트레이스 인터랙션을 구현해보자.

기본 프로젝트 설정하기

먼저 트레이스 인터랙션 시스템을 설정하기 위해서는 몇 가지 오브젝트가 필요하다.

1. 프로젝트의 루트 콘텐츠 폴더 아래에 폴더를 생성하고 Blueprints로 이름을 지정한다.

2. Blueprints 폴더 안에 두 개의 폴더를 추가로 생성하고 Components와 Interfaces로 이름을 지정한다.

3. Blueprints 폴더에서 새 Pawn을 생성한다(Add New를 선택한 후 Pawn Class 선택).

4. 새로 생성된 Pawn의 이름을 TraceInteractionPawn으로 지정한다.

5. Components 폴더에서 TraceInteractioComponent라는 이름의 Scene 컴포
넌트를 생성한다. 그러면 트레이스 기능의 로직이 유지된다. 프로그래밍 관점
에서 보면 트레이스 인터랙션을 게임 내의 오브젝트에 구현하고자 할 때, 트
레이스 기능을 Pawn으로부터 분리하지 않고 TraceInteractionComponent
를 자체 컴포넌트로 만드는 것이 더 쉽다. 이렇게 하면 코드를 유연하게 하며
다른 프로젝트로의 포팅도 쉬워진다.

6. Interfaces 폴더에서 **Add New** 버튼을 선택해 TraceInteractionInterface라
는 새로운 Blueprints 인터페이스를 만들고 **Create Advanced Asset** 섹션에서
Blueprints 메뉴로 이동해 **Blueprint Interface**를 선택한다.

프로젝트가 그림 4.6과 같을 것이다.

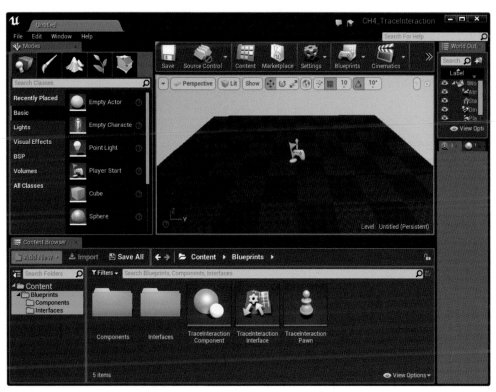

그림 4.6 트레이스 인터랙션 프로젝트 설정

인터랙션 인터페이스 설정하기

인터랙션 컴포넌트가 인터랙티브 오브젝트에서 함수를 호출할 수 있게 하려면 초기 프로젝트 설정에서 생성된 인터페이스에서 함수를 정의해야 한다.

이 함수들은 오브젝트와 컴포넌트에서 히트를 탐지하는 대부분의 케이스를 처리할 기본 트레이스 인터랙션 시스템을 허용한다. 그러나 특정 사용자 지정 기능이 필요한 경우 보통 이 Blueprints에 새 함수를 먼저 추가해야 한다.

1. TraceInteractionInterface Blueprint를 연다.

2. 이 인터페이스에는 일곱 개의 함수가 필요하다. 처음 두 함수 `TraceHitObject`와 `TraceLeaveObject`를 호출한다. 이것들을 사용해 트레이스가 히트됐거나 멀어졌음을 오브젝트에게 알린다.

3. 이 두 함수의 입력에 대해 Hit Result(Hit라고 이름 지음) 유형의 입력을 만든다. Hit를 전달하면 히트 오브젝트의 트레이스에서 많은 유용한 것들을 알아낼 수 있다.

4. 두 개의 함수 `TraceHitComponent`와 `TraceLeaveComponent`를 추가로 생성한다. 이는 오브젝트 전체가 아니라 컴포넌트 레벨의 오브젝트에 대한 히트 감지 역할을 한다.

5. 이 함수의 입력에 대해 앞의 두 결과와 동일한 Hit Result 입력을 생성하지만, 이번에는 Primitive 컴포넌트 타입의 새 컴포넌트 입력을 추가한다. Hit Result에 액세스할 수 없는 나가기 함수를 위해 남아있는 컴포넌트를 제공하는 동안 히트 함수에 대한 Hit 컴포넌트에 쉽게 액세스할 수 있다.

6. `TraceMove` 함수를 하나 더 만든다. 이 함수는 히트 오브젝트상의 트레이스를 프레임 단위로 호출한다.

7. 이 함수는 매 프레임마다 호출되기 때문에 이 인터페이스의 다른 함수보다 좀 더 최적화되는 것이 좋다. 따라서 Hit Result 입력 변수를 이전과 같이 추가하지만, 이번에는 이 변수를 확장하고 **Pass-by-Reference** 체크박스를 선택한다. 이렇게 하면 이 함수가 호출될 때마다 `Hit` 변수가 복사되지 않고 메모리의 기존 변수에 대한 참조로 전달된다.

8. 그러나 Blueprints에서는 변수를 참조로 전달받아 사용하면 이 함수를 상수 함수로 표시해야 하므로 Blueprint의 상태를 직접 편집할 수 없다. Details 패널의 **Graph** 탭을 확장하고 **Const** 옵션을 선택해 이 작업을 수행할 수 있다(이 예는 그림 4.7에서 볼 수 있다).

그림 4.7 트레이스 인터랙션 인터페이스 설정. 각 함수에는 더미 Return Value가 있어 구현 Blueprints의 한 섹션에 남겨 둘 수 있다. TraceMove에는 성능 향상을 위해 참조로 전달된 Hit Result가 있다.

9. 마지막 두 함수 `TraceActivateDown` 및 `TraceActivateUp`을 생성한다. 이는 히트 오브젝트를 활성화하는 데 사용된다.

10. 다른 함수에 대해 추가한 것과 동일한 Hit Result 입력 변수를 추가하되, 이번에는 오브젝트를 활성화한 Pawn을 나타내는 새로운 Pawn 입력 변수인 `Instigator`를 추가한다.

11. 모든 함수를 검토하고 모두 Return이라는 Boolean 출력 변수를 추가한다. 이 상하게 보일 수 있지만, Blueprints에서 인터페이스가 작동하는 방식에 따라 출력 변수가 제공되지 않으면 Event Graph에 이벤트 노드로 표시되기 때문에 필요하다. 따라서 모든 함수를 한곳에서 수행하기 위해 기본적으로 정크 출력을 각 함수에 추가할 수 있다.

인터페이스의 모든 함수는 그림 4.7과 같이 나타날 것이다

인터랙션 컴포넌트

인터랙션 로직의 대부분은 이제 인터랙션 컴포넌트에서 처리해야 한다.

이 예제에서는 간단한 라인 트레이스를 설정하고 이 라인에서 히트 오브젝트와 인터랙션한다. 4장의 뒷부분에서는 인터랙션할 오브젝트를 탐지하는 데 사용할 수 있는 몇 가지 다른 방법을 살펴볼 것이다.

설정하기

트레이스 및 인터랙션을 실제로 처리하기 전에 몇 가지 작업을 먼저 수행해야 한다.

1. TraceInteractionComponent를 연다.
2. LineTrace와 InteractWithHit라는 두 가지 새로운 함수를 생성한다. 첫 번째는 트레이스 자체를 처리하고 두 번째는 라인 트레이스의 출력을 가져와서 히트 값으로 어떻게 인터랙션할지를 결정한다.
3. 세 가지 새로운 변수를 생성한다. 첫 번째로 FocusedComponent는 Primitive 컴포넌트 유형이고, 두 번째 FocusedObject는 액터 유형이며, 마지막 CurrentHit은 Hit Result 유형이다. 처음 두 개는 각각 현재 히트 컴포넌트와 오브젝트를 보유하고 마지막 오브젝트는 히트 정보를 지닌다.
4. 다른 Blueprints에서 직접 액세스하지 못하게 하려면 이 변수들을 Private로 표기한다.

5. Blueprints의 Event Graph에 있는 EventTick 노드에서 드래그해 새 Gate 노드를 추가하고, Start Closed 입력 핀이 선택 해제돼 있는지 확인한다.

6. 두 개의 새 커스텀 이벤트인 Enable 및 Disable을 생성한다. 이를 통해 필요할 때 트레이스 기능을 활성화 및 비활성화할 수 있다.

7. Enable 이벤트의 출력을 Gate의 Open 핀으로 드래그한다.

8. Disable 이벤트의 출력을 Gate의 Close 핀으로 드래그한다.

기본 설정은 그림 4.8과 같이 나타날 것이다.

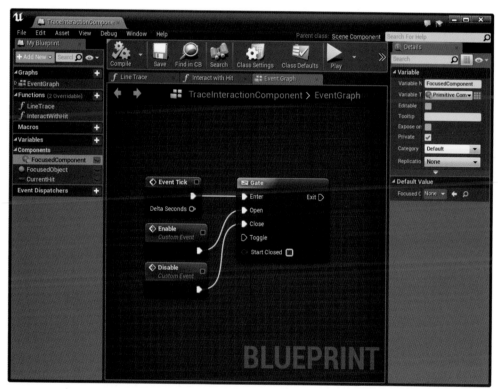

그림 4.8 트레이스 인터랙션 컴포넌트 기본 설정. 컴포넌트는 디폴트로 enable되나 Enable 및 Disable 이벤트를 사용할 수 있다.

라인 트레이스 함수

이제 이전 절에서 추가한 함수의 기능을 작성해보자. 먼저 LineTrace 함수를 살펴보자.

1. LineTrace 함수를 더블 클릭해 연다.

2. 입력 노드를 클릭하고 Distance of type Float로 이름 지은 새 입력 변수를 생성한다. 이것은 컴포넌트에서 추적하는 거리다.

3. Hit Result 유형의 Hit라는 새 출력 변수를 생성한다. 이것은 트레이스의 Hit Result다.

4. 그래프를 마우스 오른쪽 단추로 클릭하고 새로운 GetWorldLocation 노드를 검색해 추가한다.

5. GetForwardVector 노드를 추가하기 위해 그래프를 다시 마우스 오른쪽 단추로 클릭한다. 이렇게 하면 Interaction 컴포넌트의 앞 방향에 액세스할 수 있으며, 이 경우에는 플레이어가 바라보는 방향이다.

6. 새로운 LineTraceByChannel 노드를 생성해 함수의 입력 노드와 출력 노드 사이에 연결한다.

7. GetWorldLocation 노드의 출력을 트레이스의 시작 입력 핀으로 드래그한다.

8. GetForwardVector 노드를 끌어 Vector * Float 함수를 호출하고 함수의 Distance 입력 핀을 두 번째 슬롯에 놓는다. 이것은 컴포넌트의 전방 벡터를 원하는 길이로 조절한다.

9. GetWorldLocation 노드를 다시 드래그해 Vector + Vector 함수를 호출하고 확장된 전방 벡터의 출력을 두 번째 입력 핀에 연결한다.

10. Vector + Vector 함수의 출력을 트레이스의 End 입력 핀에 연결한다.

11. 트레이스의 Out Hit 출력 핀을 Return 노드의 Hit 핀에 연결한다.

이제 함수는 그림 4.9와 비슷하게 보일 것이다.

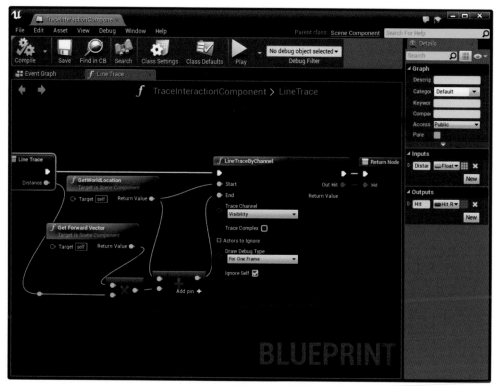

그림 4.9 트레이스 인터랙션 컴포넌트 라인 트레이스 함수

인터랙션 함수

이제 인터랙션하기 위한 히트가 생겼으므로, 히트 오브젝트에서 호출할 인터페이스
메시지를 결정하는 로직을 추가할 수 있다.

1. InteractWithHit 함수를 연다.

2. Hit Result, Actor, Primitive 컴포넌트 유형의 InHit, InHitActor,
   InHitComponent라는 세 개의 로컬 변수를 각각 추가한다. 이는 임시 변수로
   작용해 입력 부분에 쉽게 액세스할 수 있게 해주므로 Blueprint 그래프를 좀
   더 깨끗하게 만들 수 있다.

3. Hit Result 유형의 Hit라는 이름의 새 입력 변수를 생성한다(그림 4.10 참조).

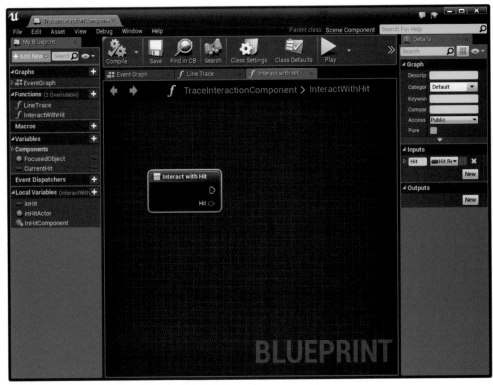

그림 4.10 Hit와 인터랙션하는 트레이스 인터랙션 컴포넌트: 로컬 변수 및 입력

4. 입력 핀에서 드래그해 InHit 변수에 대한 세터 노드를 생성하고 입력 이벤트
   의 Hit 핀과 연결한다.

5. 세터 노드의 출력에서 드래그하고 BreakHitResult를 선택해서 이 세터의 출
   력을 중단한다.

6. InHitActor 및 InHitComponent 변수에 대한 세터를 생성한 후
   BreakHitResult 노드의 Hit 액터를 첫 번째 세터에 연결하고 같은 브레이크의
   Hit 컴포넌트를 두 번째 세터에 연결한다.

7. InHit 세터의 출력 실행 핀을 InHitActor 세터에 연결한 후 해당 InHitActor를
   InHitComponent에 연결한다(그림 4.11 참조).

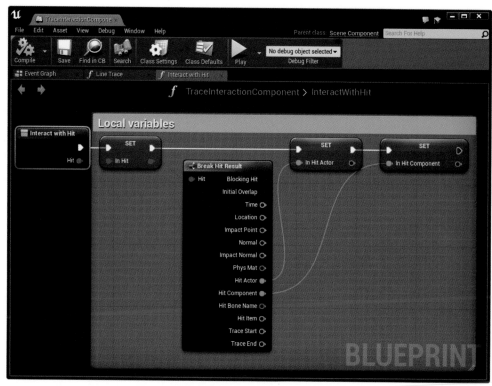

그림 4.11 Hit와 인터랙션하는 트레이스 인터랙션 컴포넌트: 로컬 변수 설정

8. InHitComponent 세터에서 드래그해 새 Branch 노드를 생성한다.

9. InHitActor 및 FocusedObject 변수에 대해 두 개의 변수 게터를 드래그한다.

10. 이들 게터 모두를 두 개의 입력에 연결하는 Equal (Object) 노드를 추가한다.

11. Equal (Object) 노드의 출력을 Branch의 Condition 입력에 연결한다(그림 4.12 참조). 이렇게 하면 플레이어가 같은 오브젝트를 보고 있는지 또는 새로운 오브젝트를 보기 시작했는지 감지할 수 있다.

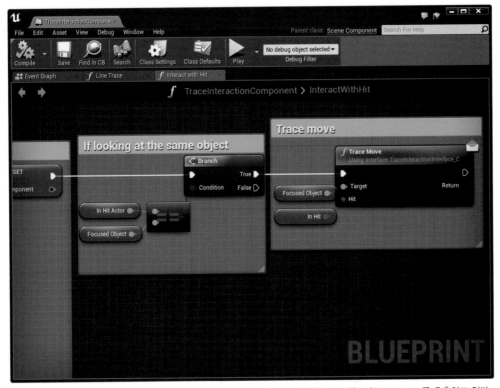

그림 4.12 Hit와 인터랙션하는 트레이스 인터랙션 컴포넌트: 동일한 오브젝트를 보고 있으며 TraceMove를 호출하고 있다.

12. FocusedObject 변수와 InHit 변수를 위해 두 개의 새로운 변수 게터를 생성한다.

13. FocusedObject 게터에서 드래그하고 TraceMove 인터페이스 메시지를 호출한다. 이것은 첫 번째 단계에서 생성한 인터페이스를 구현하는 경우 FocusedObject에서 TraceMove 함수를 호출한다.

14. InHit 게터를 TraceMove 메시지의 Hit 입력 핀에 연결하고, Branch의 True 출력을 TraceMove 노드의 입력 실행 핀에 연결한다(그림 4.12 참조).

15. TraceMove 메시지의 출력 실행 핀에서 드래그하고 다른 Branch 노드를 생성한다.

16. 이번에는 FocusedComponent 및 InHitComponent 변수에 대한 두 개의 변수 게터를 드래그한다. 첫 번째 노드에서 드래그해 새 Equal (Object) 노드를 추가

하고, 두 번째 노드를 이 새로운 Equal (Object) 노드의 두 번째 입력에 연결한다.

17. Equal (Object) 노드의 출력을 새 Branch 노드의 Condition 입력에 연결한다. 이 기능을 사용하면 플레이어가 현재 보고 있었던 오브젝트 안의 새로운 컴포넌트를 보는 중인지 감지할 수 있다.

18. FocusedObject, InHit, FocusedComponent 변수에 대해 세 가지 새로운 변수 게터를 생성한다.

19. FocusedObject 게터에서 드래그하고 InHit을 Hit 입력 핀에 연결한 후 FocusedComponent를 ComPotent 입력 핀에 연결해 TraceLeaveComponent 인터페이스 메시지를 호출한다(그림 4.13 참조). 이렇게 하면 새로운 히트 구성 요소를 설정하기 전에 현재 포커스된 구성 요소에서 포커스를 해제할 수 있다.

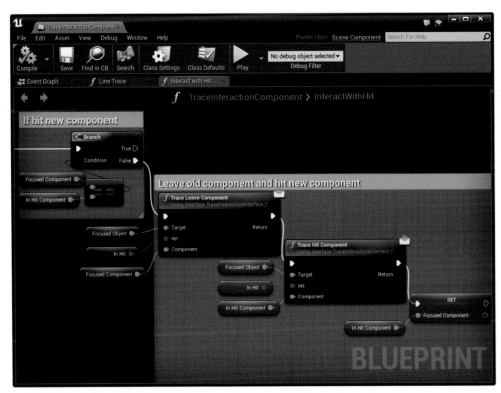

그림 4.13 Hit와 인터랙션하는 트레이스 인터랙션 컴포넌트: 새로운 컴포넌트에서 Hit 호출하기

20. Branch 노드의 False 출력을 TraceLeaveComponent 메시지의 입력 실행 핀에 연결한다.

21. FocusedObject, InHit, InHitComponent 변수에 대해 세 가지 변수 게터를 추가로 만든다.

22. 이 새로운 FocusedObject 게터에서 드래그하고 TraceHitComponent 인터페이스 메시지를 호출한 후 InHit을 Hit 입력 핀에 연결하고 InHitComponent를 컴포넌트 입력 핀에 연결한다.

23. TraceLeaveComponent 메시지를 TraceHitComponent 메시지에 연결한다.

24. FocusedComponent 변수에 대한 새 변수 세터를 생성하고 InitComponent 변수에 대한 새 변수 게터를 입력 핀에 연결한다.

25. TraceHitComponent 메시지의 출력 실행 핀을 새로운 세터에 연결한다(그림 4.13 참조). 이 호출 순서는 현재 컴포넌트에서 시작해 히트를 호출하고 새 컴포넌트를 소환하는데, 새로운 오브젝트에서 히트를 활성화하기 위해 다시 사용할 것이다.

26. 단계 8에서 설정한 로컬 변수들을 설정한 후 초기 Branch로 돌아가서 FocusedObject 변수에 대한 새 변수 게터를 만들고 그로부터 TraceLeaveObject 인터페이스 메시지를 호출한다. False 출력 실행 핀을 메시지 노드의 입력 실행 핀에도 연결해야 함을 잊지 말자.

27. InHit 변수에 대한 새로운 변수 게터를 만들고 이를 새 메시지 노드의 Hit 입력 핀에 연결한다.

28. FocusedObject 변수와 FocusedComponent 변수에 대한 두 개의 새로운 변수 세터를 만들어 인터페이스 메시지 다음에 순서대로 연결한다(그림 4.14 참조). 값을 지우려면 입력을 공백으로 둔다.

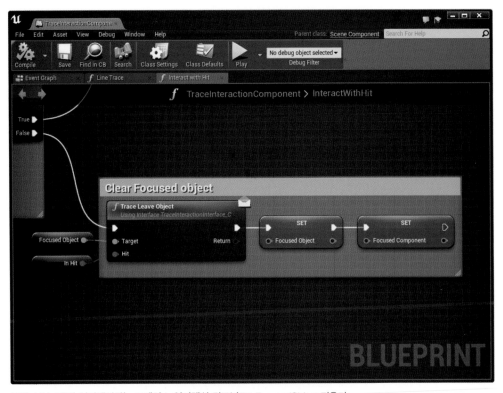

그림 4.14 Hit와 인터랙션하는 트레이스 인터랙션 컴포넌트: FocusedObject 지우기

29. 이 마지막 세터에서 드래그하고 새 Branch 노드를 생성한다.

30. InHitActor 변수에 대한 새로운 게터를 드래그하고 인터페이스 클래스 입력 핀으로 TraceInteractionInterface를 선택해 DoesImplementInterface 함수를 호출한다. 이 새로운 노드를 Branch 노드의 Condition 입력에 연결한다(그림 4.15 참조). 이렇게 하면 현재 히트 액터가 TraceInteractionInterface를 사용하게 된다.

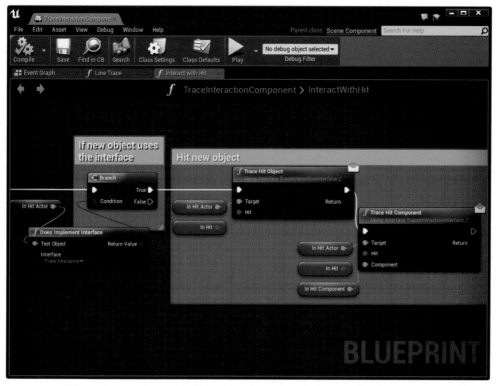

그림 4.15 Hit와 인터랙션하는 트레이스 인터랙션 컴포넌트: 새로운 오브젝트에서 Hit 호출하기

31. **InHitActor** 및 **InHit** 변수에 대한 두 개의 새로운 변수 게터를 생성하고 **InHit** 변수를 입력 Hit 핀에 연결하는 동안 첫 번째에 TraceHitObject 인터페이스 메시지를 호출한다.

32. Branch 노드의 True 출력 실행 핀을 TraceHitObject 메시지의 입력 실행 핀에 연결한다.

33. **InHitActor**, **InHit**, **InHitComponent** 변수에 대해 세 개의 새로운 변수 게터를 드래그하고 InHitActor에서 TraceHitComponent 인터페이스 메시지를 호출해 다른 두 변수를 나머지 입력 핀에 연결한다.

34. TraceHitObject 메시지의 출력 실행 핀을 TraceHitComponent 메시지의 입력 실행 핀에 연결한다(그림 4.15 참조). 이렇게 하면 새 오브젝트를 히팅hitting 할 때 새 오브젝트와 새 컴포넌트 모두에서 히트를 호출할 수 있다.

35. FocusedObject 및 FocusedComponent 변수에 대한 두 개의 새로운 변수 세터를
만들어 연결하고 TraceHitComponent 메시지의 출력을 첫 번째 세터의 입력
실행 핀에 연결한다(그림 4.16 참조).

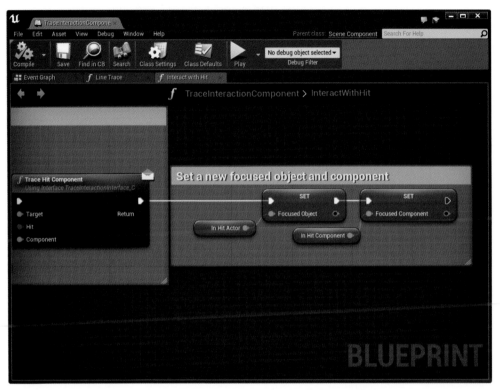

그림 4.16 Hit와 인터랙션하는 트레이스 인터랙션 컴포넌트: 새로운 FocusedObject 설정하기

36. InHitActor 및 InHitComponent 변수에 대해 두 개의 새 게터를 만들고
FocusedObject 및 FocusedComponent 세터의 입력에 각각 연결한다. 그
러면 다음에 이 함수를 호출할 때 FocusedObject 및 FocusedComponent 변수
가 저장된다.

여러 함수를 같이 넣기

이제 기본 트레이스 인터랙션에 필요한 함수를 만들었으니 이벤트 그래프에 함께 넣
고 실제로 작동하는 인터랙션 컴포넌트를 만들 수 있다.

1. Event Graph에서 Interaction Component를 제어하기 위해 초기 게이트를 설정하는 EventTick을 찾는다.

2. 게이트의 출력에서 드래그하고 LineTrace 함수를 호출해 Distance 입력에 1000을 전달한다. 이렇게 하면 트레이스가 10m 확장된다.

3. LineTrace 함수의 Hit 출력 변수에서 드래그하고 CurrentHit 변수에 대한 새 세터를 생성한다.

4. 이 세터의 출력에서 드래그하고 InteractWithHit 함수를 호출한다(그림 4.17 참조). 이렇게 하면 컴포넌트가 사용되는 모든 프레임마다 라인 트레이스가 만들어지며 그 히트와 상호작용하도록 적절한 인터페이스 메시지를 호출한다.

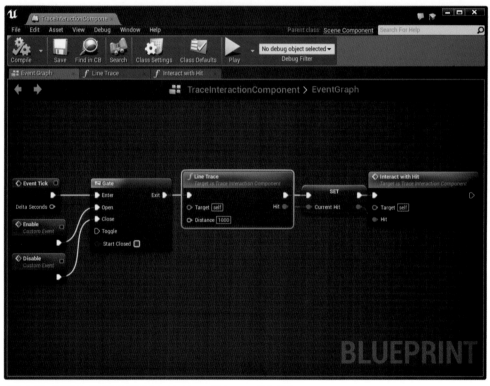

그림 4.17 트레이스 인터랙션 컴포넌트: LineTrace 및 Interact 함수 호출

5. 마지막으로 고려할 것은 필요할 때 TraceActivateDown 및 Up 인터페이스 메시지를 호출하는 것이다. 그러기 위해서는 ActivateDown 및 ActivateUp이 라는 두 개의 새 사용자 정의 이벤트를 생성해서 Pawn 유형의 Instigator 입력 변수를 제공해야 한다.

6. FocusedObject 및 CurrentHit 변수에 대해 두 개의 변수 게터 두 세트를 생성 하고 방금 생성한 두 개의 커스텀 이벤트 아래에 배치한다(그림 4.18 참조).

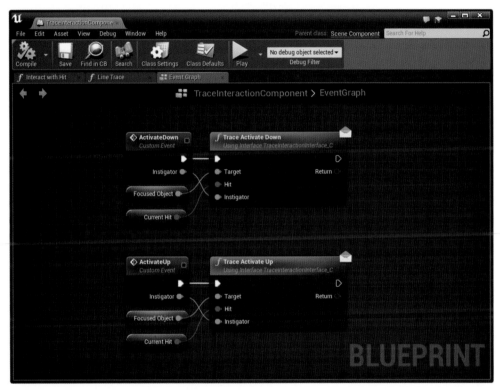

그림 4.18 트레이스 인터랙션 컴포넌트: 활성화된 이벤트 추가하기

7. ActivateDown 이벤트 아래의 FocusedObject 변수에서, TraceActivateDown 인터페이스 메시지를 호출하고 CurrentHit 게터를 Hit 입력에 연결하는 동 시에 이벤트의 출력 실행 핀을 메시지 노드의 입력 실행 핀에 연결하고 Instigator 핀을 입력 Instigator 핀에 출력한다.

8. ActivateUp 이벤트에 대해서도 같은 작업을 하되, 이번에는 TraceActivateUp 을 대신 호출한다(그림 4.18 참조). 이제 다른 Blueprint에서 이 이벤트들을 호출해 현재 FocusedObject를 활성화할 수 있다.

인터랙션 Pawn 설정하기

이제 인터랙션 시스템을 설정하는 데 필요한 컴포넌트와 인터페이스가 생겼으므로 기본 VR 트레이스 인터랙션 Pawn에 필요한 구성 요소를 TraceInteractionPawn에 추가해야 한다.

1. TraceInteractionPawn Blueprint를 연다.

2. 세 가지 새로운 구성 요소인 Scene, Camera, TraceInteraction을 추가한다.

3. Scene 컴포넌트의 이름을 CameraRoot로 지정하고 Camera 컴포넌트를 Scene 컴포넌트 위에 드래그해 놓으면, Camera가 Scene 컴포넌트에 연결된다.

4. 트레이스 인터랙션을 플레이어가 바라보는 방향에서 가져오길 원하므로, TraceInteraction 컴포넌트를 Camera 컴포넌트에 연결한다(그림 4.19 참조). 모션 컨트롤러에서 인터랙션을 발생시키려면, 이 컴포넌트를 컨트롤러에 연결하기만 하면 된다.

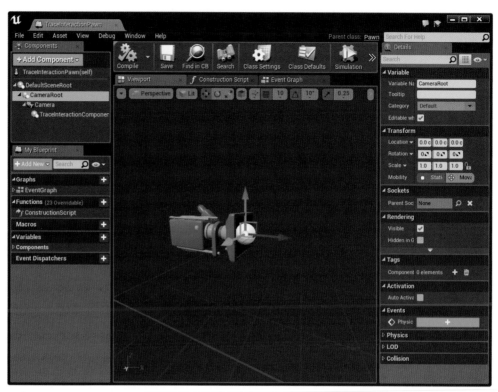

그림 4.19 TraceInteractionPawn 설정

5. Interaction 컴포넌트를 설정하는 마지막 작업은 `ActivateDown`과 `Up` 함수를 필요에 따라 호출하는 것이다. 이 예제에서는 간단한 LeftMouseButton 노드를 사용해 Interaction 컴포넌트를 활성화한다. Event Graph에 새 LeftMouseButton 이벤트를 만든다.

6. TraceInteraction 컴포넌트를 Event Graph로 드래그한다. 그런 다음 LeftMouseButton 이벤트의 Pressed 및 Released 출력에서 ActivateDown과 ActivateUp 이벤트를 호출해 Instigator로서 Self를 전달한다(그림 4.20 참조).

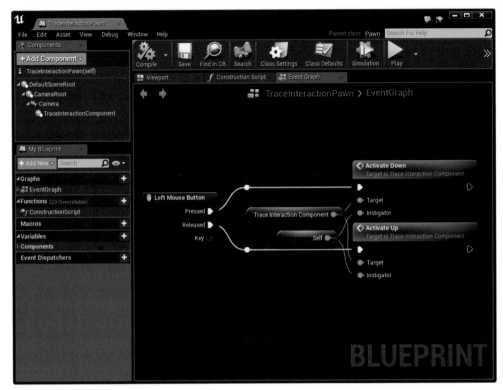

그림 4.20 TraceInteractionPawn 인터랙션 활성화

기본 인터랙티브 오브젝트 설정하기

인터랙션 시스템이 설정됐으므로 기본 예제에서 기능을 테스트할 차례다.

이를 위해, 사용자가 찾고 있는 곳을 표시하고 입력에 반응해 색상을 변경하는 간단한 큐브 Blueprint를 만든다.

1. TraceInteractiveCube라는 Blueprints 폴더에 새 Actor Blueprint를 만든다.
2. 이 Blueprint를 열고 두 개의 새로운 컴포넌트를 만든다. 첫 번째는 Cube 컴포넌트고, 두 번째는 Arrow 컴포넌트다.

3. Arrow 컴포넌트를 선택하고 Hidden in Game 속성을 False로 설정한다(그림 4.21 참조). 이렇게 하면 플레이어가 큐브를 보고 있는 곳을 확인할 때 사용하는 마커인 화살표가 실시간으로 표시된다.

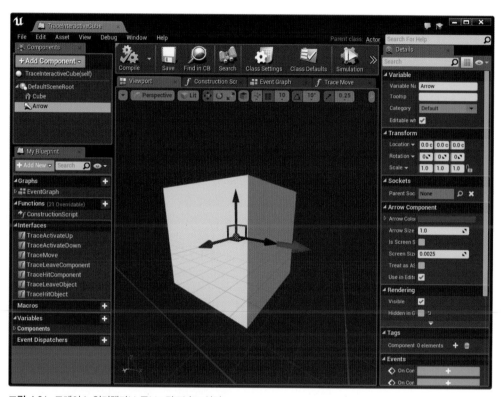

그림 4.21 트레이스 인터랙티브 큐브: 컴포넌트 설정

4. Blueprint 상단 툴바에서 Class Settings 버튼을 클릭한다. 그런 다음 Details 패널의 Interfaces 탭에서 Add 버튼을 선택하고 TraceInteractionInterface를 선택한다. Blueprint를 컴파일한 후에는 My Blueprint 패널의 Interfaces 섹션에 인터페이스 함수가 표시된다.

5. TraceHitObject 인터페이스 함수를 열고 Cube 컴포넌트의 변수 게터로 드래그한다.

6. 이 컴포넌트의 `SetVectorParameterValueOnMaterials` 함수를 호출해 벡터 (X = 1.0, Y = 0.0, Z = 0.0)를 전달한다. 이는 트레이스가 오브젝트에 닿았을 때, 오브젝트를 빨간색으로 바꿔준다.

7. 함수의 입력 노드와 Return 노드 사이에 SetVectorParameterValueOnMaterials 노드를 연결한다(그림 4.22 참조).

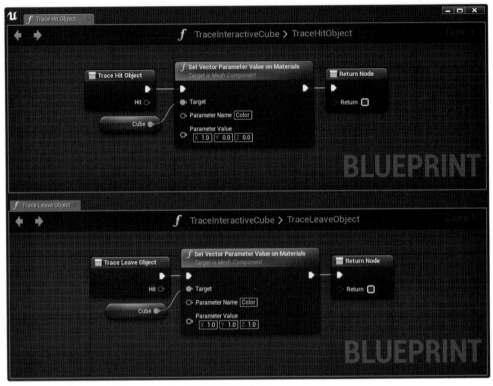

그림 4.22 트레이스 인터랙티브 큐브: 히트 시에 색상 변화 남기기

8. `TraceLeaveObject` 함수에 대해 5-7단계를 반복하는데, 이번에는 벡터 (X = 1.0, Y = 1.0, Z = 1.0)를 SetVectorParameterValueOnMaterials 노드의 입력으로 전달한다(그림 4.22 참조). 이렇게 하면 플레이어가 더 이상 보지 않을 때, 큐브의 색상이 흰색으로 되돌아간다.

9. TraceActivateDown과 TraceActivateUp 함수에서 SetVectorParameterValue
   OnMaterials에 각각 벡터 (X = 0.0, Y = 1.0, Z = 0.0)와 (X = 1.0, Y = 0.0, Z =
   0.0)를 전달해 5-7단계를 반복한다(그림 4.23 참조). 이렇게 하면 큐브가 활성
   화될 때 큐브의 색상이 녹색으로 설정되고, 비활성화될 때 빨간색으로 되돌아
   간다.

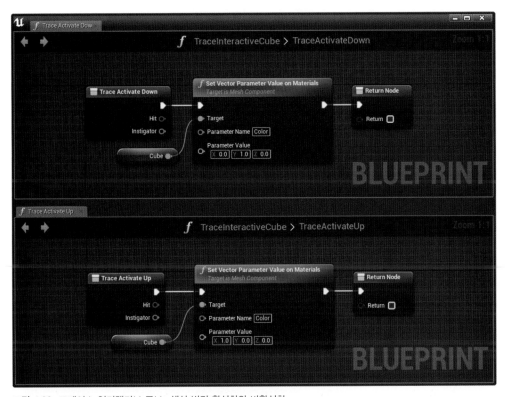

그림 4.23 트레이스 인터랙티브 큐브: 색상 변경 활성화와 비활성화

10. 플레이어가 큐브를 볼 때, 모든 프레임에서 화살표를 히트 위치로 이동하려면
    TraceMove 함수를 연다.

11. 입력 노드의 Hit 핀에서 드래그해 Hit Result를 해제한다.

12. Arrow 컴포넌트에 대한 새 변수 게터를 만든 다음, SetWorldLocationAnd
    Rotation 함수를 호출해 함수의 입력 노드와 Return 노드를 연결한다.

13. BreakHitResult의 Location 출력 핀을 SetWorldLocationAndRotation의 New Location 핀에 직접 연결한다.

14. BreakHitResult의 Normal 핀에서 드래그해 MakeRotFromX 함수를 호출하고, 그 출력을 SetWorldLocationAndRotation의 New Rotation에 연결한다(그림 4.24 참조). Arrow 컴포넌트가 X 방향을 가리키기 때문에 화살표가 히트 법선 에서 바깥쪽을 향하도록 화살표가 회전한다.

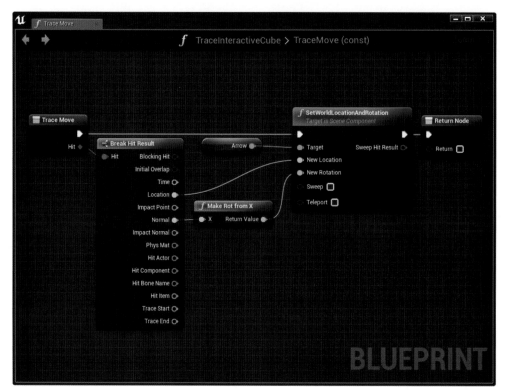

그림 4.24 트레이스 인터랙티브 큐브: TraceMove

이제 모든 것이 설정됐으므로 Pawn과 인터랙티브 큐브 모두 레벨에 추가해 빨간색 및 녹색 큐브의 크리스마스 분위기를 즐길 수 있다. Pawn은 커스텀 게임 모드를 생 성해 Pawn을 사용하도록 명령하거나 Pawn을 레벨에 놓고 Auto Possess를 활성화 해 추가할 수 있다.

요약

4장에서는 트레이스가 UE4에서 작동하는 방법과 VR 게임에서 트레이스를 사용하는 방법을 설명했다.

인터페이스를 살펴본 결과, 왜 이러한 인터페이스가 인터랙티브 오브젝트와 인터랙터 간의 통신에 완벽하게 맞는지 알 수 있었다. 또한 향후 프로젝트에서 전송과 확장이 가능한 트레이스 인터랙션을 위한 모듈식 시스템을 만들었다.

연습 문제

4장에서는 인터랙션할 오브젝트를 찾기 위해 라인 트레이스에 의존하는 인터랙션 시스템을 만들었다. 이것은 많은 경우에 충분하지만 단점이 있다.

대부분의 경우, 단일 라인 트레이스를 사용하면 사용자가 원하는 오브젝트와 정확히 상호작용하기 어렵다. 이 문제는 특히 더 먼 거리에서 두드러진다. 따라서 다른 측정 항목을 사용해 사용자가 찾고 있는 위치를 추정하고 인터랙션 시스템에서 그것을 설명하는 것이 유용할 수 있다.

이를 위한 한 가지 공통적인 방법은 사용자의 시선 벡터와 플레이어에서 출발해 인터랙티브 오브젝트에 이르는 벡터와의 차이를 계산하기 위해 약간의 벡터 연산을 사용하는 것이다.

이를 위해 두 벡터를 곱해 하나의 숫자를 반환하는 형식인 내적$^{\text{dot product}}$을 사용한다. 내적은 두 벡터의 각 숫자 쌍을 취해 함께 곱한 후, 그 결과로 나온 숫자를 모두 더해 계산된다. 처음에는 조금 복잡해 보일 수 있지만, 다행히 UE4가 구현을 담당하므로 내적 연산 후의 최종 숫자만 알면 된다.

이 예제에서 내적에 대한 입력은 정규화된다. 즉, 길이가 1이 된다. 이는 기본적으로 두 벡터가 실제 위치나 거리가 아닌 방향을 나타내는 것을 의미한다. 입력의 길이가 1이기 때문에 이 두 벡터의 내적은 최종 출력이 두 벡터 사이각의 코사인 값이라는 좋은 속성을 갖는다(그림 4.25 참조).

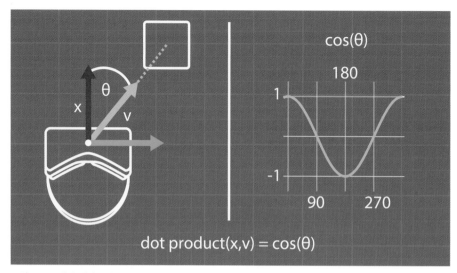

그림 4.25 내적 예시. x와 v는 정규화된 벡터다. 여기서 x는 플레이어의 시선 방향을 나타내고 v는 플레이어의 머리에서 오브젝트까지의 방향을 나타낸다. 각도 θ는 x와 v 사이의 각도를 도(degree) 단위로 나타낸다.

따라서 사용자가 보고 있는 위치와 사용자의 머리에 상대적인 인터랙티브 오브젝트 방향 사이의 내적을 계산하면, 사용자가 오브젝트를 얼마나 자세히 보는지를 나타내는 −1과 1 사이의 값을 얻을 수 있다. 1은 물체를 직접 보는 경우고, −1은 물체에서 완전히 떨어진 곳을 보고 있는 경우다.

이것은 사용자 시선의 의도를 판단할 수 있는 간단한 방법이며, 게임에 '목표 어시스트' 기능이 필요한 경우 사용할 수 있다. 이를 구현하기 위해서는 어시스트하고자 하는 모든 오브젝트를 반복해서 돌아보고, 그중 가장 높은 내적 값(즉 사용자가 가장 가까이 보고 있는 오브젝트)을 갖는 오브젝트를 찾는다.

사용자 시선의 의도를 찾기 위해 내적을 사용할 때 주의할 것은 정규화된 값이 우리가 원하는 것과는 거리가 있는 의미를 가질 수도 있다는 점이다. 이에 따른 부작용으로, 한 오브젝트는 사용자 가까이에 있고 다른 오브젝트는 그보다 멀리 있을 때, 멀리 있는 오브젝트가 가까이 있는 오브젝트보다 사용자의 시선 방향에 대해 더 좁은 각도를 갖는다면 사용자가 가까운 오브젝트를 선택하려고 해도 멀리 있는 오브젝트가 선택될 수 있다.

이를 처리하는 한 가지 방법은 사용자와 인터랙티브 오브젝트 간의 내적을 최대화하는 대신 사용자와 오브젝트 사이의 호^{arc} 길이를 최소화하는 것이다. 이 길이는 사용자 시선 방향과 대상의 위치에 의해 만들어지는 원에 의해 생성된 거리다(그림 4.26 참조).

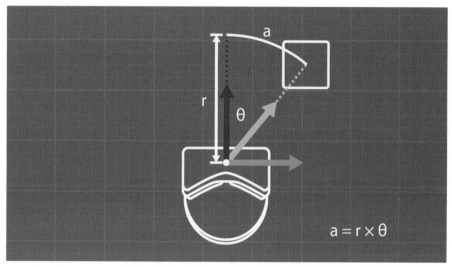

그림 4.26 호 길이 예시. 호 길이 a는 반경 r과 각도 θ에 라디안을 곱해 계산된다.

그림 4.27은 UE4에서 호의 길이와 내적을 계산하는 방법의 예를 보여준다.

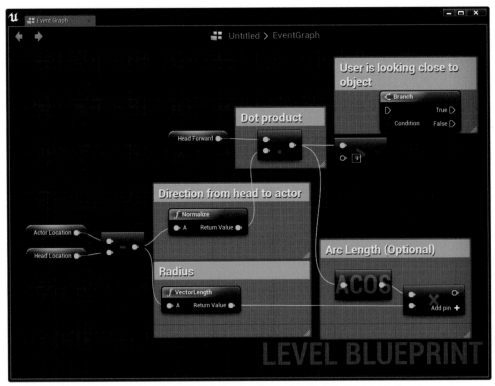

그림 4.27 액터 위치와 헤드 포워드 사이의 내적을 둘 사이에서 생성된 호 길이를 선택적으로 계산해 구하기

내적 연산을 사용해 사용자 인터랙션을 완전히 감지하는 것의 단점은 기본적으로 충돌을 처리하지 않는다는 것이다. 이것은 사용자가 벽이나 다른 단단한 표면을 통과해 오브젝트와 인터랙션할 수 있게 한다. 이에 대한 한 가지 해결책은 사용자와 추적을 통해 테스트 중인 오브젝트 사이의 충돌을 간단히 검사하는 것이다. 그러나 이것은 씬scene에 인터랙티브 오브젝트가 많을 경우 계산 비용이 많이 들 수 있는데, 이는 모든 인터랙티브 오브젝트를 추적해야 하기 때문이다.

이 문제를 처리하는 또 다른 방법은 인터랙티브 오브젝트를 가릴 수 있는 것이 아무것도 없는지 확인하는 것이다. 이것은 분명히 메뉴와 기타 제어 시나리오에서만 보장될 수 있다. 그러나 이 경우에 내적 연산 방법은 게임에서 인터랙션을 감지하기 위해 상당히 저렴하고 사용자에게 친숙한 방법을 제공한다.

라인 트레이스가 제공하는 충돌 감지의 이점을 원하지만 요소 선택에서 더 많은 유연성을 원한다면, 그리고 트레이스에 좀 더 성능을 높일 수 있다면 셰이프 트레이스를 사용하는 것이 좋은 생각일 수 있다. 반경이 1보다 큰 스피어^{sphere} 트레이스를 생성하면 계산 비용은 여전히 상대적으로 저렴하지만 목표 어시스트의 레벨이 향상될 수 있다. 트레이스 인터랙션 컴포넌트에서 사용되는 구형 트레이스 함수 생성 예제를 보려면 그림 4.28을 참조한다.

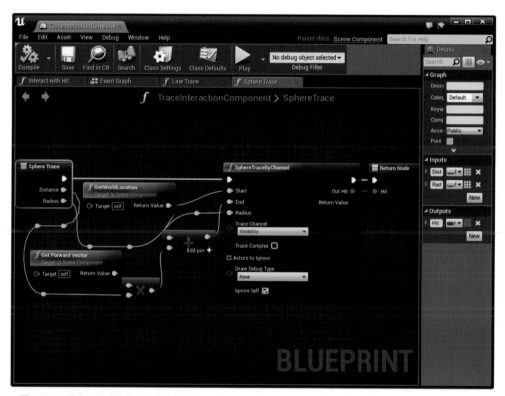

그림 4.28 트레이스 인터랙션 컴포넌트에 대한 간단한 구형 추적 기능

연습으로 구형 트레이스를 트레이스 인터랙션 컴포넌트에 추가하고 사용 편의성에도 도움이 되는지 확인해보자.

또 다른 연습으로, 내적 연산을 사용해 목표 어시스트를 추가한다. 이를 위해 인터랙션하려는 모든 오브젝트의 목록이 필요하다. 이 목록을 얻는 가장 좋은 방법이 무엇인지 생각해보자.

5장

텔레포테이션

현 수준의 VR에서는 인위적으로 이동하기 위해 텔레포테이션 (teleportation) 방법을 사용한다. 5장에서는 4장의 트레이스 인터랙션을 간단한 순간 이동 메커니즘으로 확장한다.

VR에서 가장 좋은 형태의 이동은 의심할 여지없이 인위적으로 이동하지 않는 것이다. 대신 현실 세계의 액션을 VR 캐릭터에 일대일로 매핑한다. 그러나 이것은 매우 제한적인 요구 사항을 만들어내며, 따라서 많은 게임이나 전체 장르가 이 방법에 의존하는 것은 불가능하다.

가상의 플레이어를 물리적인 범위보다 멀리 움직이도록 하는 것의 필요성은 많은 도전 과제를 가져오고 디자인 과정에서 결정해야 할 것들이 많아진다. 이러한 결정의 필요성과 추론은 9장, 'VR 로코모션'에서 다루고, 5장에서는 이동 문제에 대한 대중적인 해결책 중 하나인 텔레포테이션에 대해 소개한다.

현실 세계에 고정돼 있는 플레이어가 게임 속 캐릭터가 움직이는 것을 볼 때 발생할 수 있는 안구 전정 불일치$^{ocular\ vestibular\ mismatch}$를 피하기 위해, 많은 개발자는 플레이어를 현재 위치에서 원하는 위치로 즉시 이동시키는 텔레포테이션 시스템에 의존한다.

이 단일 버스트는 대다수의 VR 사용자가 안구 전정 불일치를 덜 겪게 한다고 입증됐기 때문에 오늘날 많은 VR 게임에서 볼 수 있다. 그러나 그것은 방향 감각을 상실시킬 수 있다는 단점이 있다. 인간으로서 우리는 (아직은) 순간 이동할 수 없기 때문에, VR 게임에서 사용자는 텔레포트를 벗어날 때 순간적으로 혼란스러울 수 있다. 이를 위한 잠재적인 방안으로, 사용자가 어디에서 왔는지 흔적을 보여주는 간단한 것에서부터 텔레포트를 시작하기 전에 사용자에게 텔레포트 위치로 들어가는 포털을 보여주는 복잡한 것까지 다양한 해결책이 있다. 그러나 5장에서는 이러한 기술에 초점을 맞추지 않는다. 대신, 기본적인 텔레포테이션 시스템을 작동시키는 것에 중점을 두고, (재미있는) 실험은 독자들에게 맡길 것이다.

텔레포테이션 설정하기

텔레포테이션을 감지하려면 트레이스를 사용한다. 운 좋게도 필요에 맞게 조정할 수 있는 모듈형 VR 트레이스 인터랙션 컴포넌트와 인터페이스를 이미 설정해뒀다. 만약 설정하지 않았다면, 4장, '트레이스 인터랙션'을 살펴보자. 4장에서는 트레이스 인터랙션을 탐지하는 모듈식 시스템을 만드는 데 필요한 모든 관련 정보를 제공한다.

4장을 완료하거나 소스 코드를 다운로드했다면 트레이스 인터랙션 레벨을 위한 기반을 쌓은 것이므로, 이제 텔레포테이션을 수용할 수 있도록 확장해야 한다.

포물선 트레이스하기

트레이스 인터랙션 컴포넌트를 열면 현재 유일한 트레이스 함수가 컴포넌트에서 나오는 라인 트레이스를 생성한다는 것을 알 수 있다. 이는 좋은 기능이며 텔레포테이션을 위해 완벽하게 작동한다. 그러나 한 단계 더 나아가 플레이어가 수평으로뿐만 아니라 수직으로도 순간 이동하도록 허용하려면 포물선 트레이스parabolic trace 방법을 구현해야 한다.

이 예에서 포물선 트레이스는 발사체 모션의 아이디어를 기반으로 하며, 트레이스 인터랙션 컴포넌트에서 공을 쏘고 게임에서 오브젝트에 닿을 때까지 경로를 추적하는 것과 같이 생각할 수 있다.

이를 달성하기 위해 인터랙션 컴포넌트의 방향으로 공을 발사해 공의 새로운 위치를 고정된 시간 간격으로 계산하고, 트레이스가 오브젝트에 히트해 오브젝트를 반환할 때까지 이전 위치와 새 위치 사이를 추적한다.

이 발사체의 호를 계산하려면 그림 5.1에 나와 있는 몇 가지 기본 물리 수식을 사용한다.

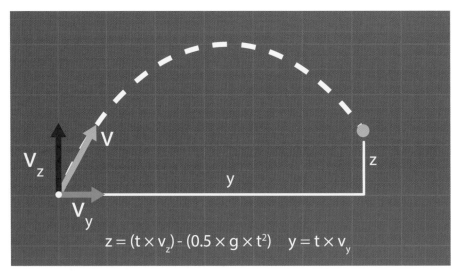

$$z = (t \times v_z) - (0.5 \times g \times t^2) \quad y = t \times v_y$$

그림 5.1 포물선 트레이스에 사용되는 발사체 모션 계산. v는 트레이스 속도를, y는 Y축에서의 트레이스 위치를 나타내며, z는 시간 t 및 중력 g에 대한 Z축의 트레이스 위치를 나타낸다.

트레이스 함수가 어떻게 작동하는지에 대해 생각해봤다. 이제 트레이스 함수를 설정하는 방법을 살펴보자.

1. 4장의 프로젝트를 연 후, Trace Interaction Component Blueprint from Blueprints > Components를 선택한다.

2. ParabolicTrace라는 새 함수를 만든다.

3. Steps, TimeStep, Speed라는 함수에 세 개의 입력 변수를 각각 Integer, Float, Float 유형으로 추가한다.

4. Hit Result 유형의 Hit라는 출력 변수를 생성한다.

5. InitialLocation, PreviousLocation, Velocity라는 Vector 유형의 세 개 로컬 변수를 만든다.

6. Float 및 Integer 유형의 InTimeStep, InSteps라는 두 개의 로컬 변수를 추가로 생성한다.

7. TmpHit이라는 마지막 로컬 변수를 만든다. 트레이스를 계산할 때 임시 히트가 유지된다.

8. TmpHit을 제외한 모든 로컬 변수에 대한 변수 세터를 만든다. 이 변수 세터는
   나중에 설정된다.

9. GetWorldLocation 함수 입력의 출력 실행 핀을 PreviousLocation 세터 앞의
   InitialLocation 세터와 연결하고 첫 번째 세터의 노란색 출력 핀을 두 번째 세
   터의 노란색 입력 핀에 연결한다(그림 5.2 참조).

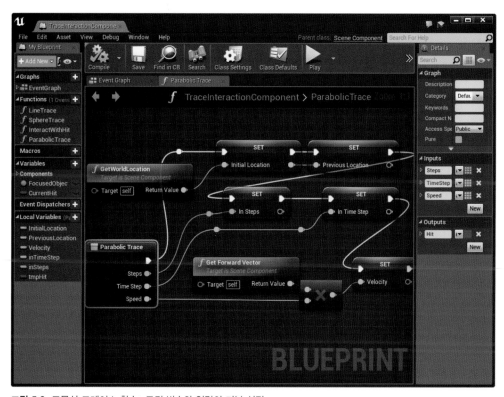

그림 5.2 포물선 트레이스 함수: 로컬 변수와 입력의 기본 설정

10. GetWorldLocation 노드를 생성하고 출력 값을 InitialLocation 세터와 연결
    한다.

11. InSteps 세터와 InTimeStep 함수에 해당하는 입력과 연결하고 InStep 출력 실
    행 핀을 InTimeStep 세터의 입력 실행 핀과 연결한다(그림 5.2 참조).

12. InStep 세터를 PreviousLocation 세터의 출력 실행 핀과 연결한다.

13. GetForwardVector 노드를 생성하고 들어오는 Float Speed와 곱한다.

14. 앞서 곱한 출력 값을 Velocity 세터의 입력에 연결한다. 세터의 입력 실행 핀을 InTimeStep 세터의 출력 실행 핀과 연결한다(그림 5.2 참조).

트레이스 계산에 필요한 변수를 생성한 후 그림 5.1과 같이 포물선을 계산해야 한다. 이를 위해 트레이스 속도를 별도의 축으로 분할하고 고정된 시간상에서 새로운 트레이스 위치를 계산한다.

1. 함수 셋업의 마지막 변수 세터에서 드래그해 새로운 ForLoopWithBreak 노드를 생성한다.

2. First Index 입력에 1을 넣고 Last Index에 InStep 변수의 게터를 입력한다. 이 예제에서는 이전 위치가 초기 위치로 초기화돼 동일 위치를 두 번 트레이싱하는 것을 방지하기 위해 인덱스 1에서 시작한다.

3. ForLoopWithBreak의 Loop Body 출력 핀에서 드래그해 LineTraceBy Channel 함수를 호출한다.

4. 이 트레이스의 Start 핀을 새 PreviousLocation 변수 게터와 연결한다.

5. Velocity 로컬 변수 게터를 드래그하고 구조체 핀을 X, Y, Z로 분할한다(그림 5.3 참조).

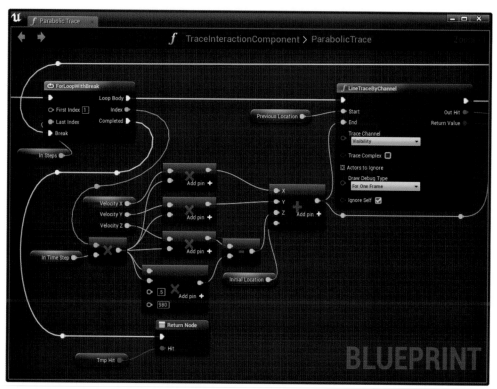

그림 5.3 포물선 트레이스: 트레이스의 끝 위치 계산하기

6. 각 분할 핀에서 드래그해 Float * Float 함수를 호출한다.

7. for 루프의 Index 핀에서 드래그해 새로운 Int * Float 핀을 생성하고 새로운 InTimeStep 변수 게터를 두 번째 핀에 전달한다. 이를 통해 각 단계는 시간 Float로 변환된다.

8. Int * Float의 출력을 Float * Float 노드 세 개의 두 번째 입력에 연결한다. 그러면 적절한 X와 Y 오프셋이 계산된다. Z 오프셋은 여전히 중력을 고려해야 한다.

9. 루프 인덱스와 InTimeStep에서 생성된 Int * Float를 드래그하고 새로운 Float * Float 노드를 생성한다. 그리고 동일한 입력을 두 핀에 전달한다. 이를 통해 효과적으로 변수를 제곱할 수 있다.

10. Float * Float 노드에 두 개의 새로운 핀을 추가하고 0.5와 980 값을 전달해 발사체의 모션 공식에 0.5와 중력 값을 표현한다.

11. 속도 Z와 타임 스텝에서 생성된 Float * Float에서 드래그해 새 Float – Float 노드를 생성하고 단계 9와 단계 10에서 생성된 노드를 뺀다(그림 5.3 참조).

12. 첫 번째 구조체 핀을 분할해 Vector + Vector 노드를 생성한다.

13. 속도 곱셈으로 얻은 X 계산 값을 X 핀에 전달하고 Y를 Y 핀에 전달한다.

14. 단계 11에서 생성한 Float – Float의 출력을 나머지 Z 핀에 전달한다.

15. Vector + Vector 노드의 두 번째 입력 핀에 새로운 InitialLocation 변수 게터를 추가한다. 이는 로컬 계산을 속도에서 월드 좌표로 바꾼다.

16. 이 출력을 라인 트레이스의 End 입력 핀으로 전달한다.

17. 트레이스를 시각화하고 싶다면 Draw Debug Type을 For One Frame으로 설정한다.

18. 함수의 Return 노드를 루프의 Completed 핀에 연결하고 TmpHit 변수를 반환한다. 이후에 이 변수를 설정할 것이니 너무 걱정하지는 말자.

트레이스를 계산해 히트가 되면 임시 hit 변수를 설정하고 루프에서 빠져나와 불필요한 계산이 수행되지 않도록 한다.

1. LineTraceByChannel 노드에서 드래그하고 새로운 PreviousLocation 변수 세터를 생성한다(그림 5.4 참조). 그리고 트레이스의 End 핀에 사용된 Vector + Vector의 출력을 입력으로 설정한다.

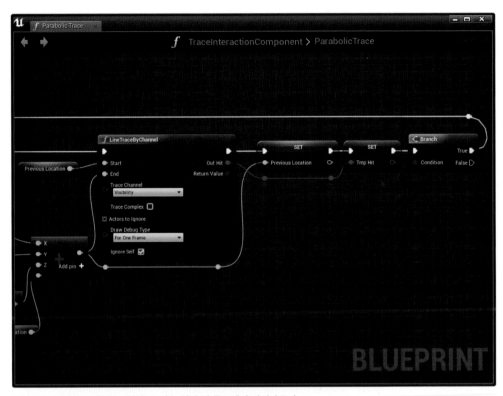

그림 5.4 포물선 트레이스: 임시 hit 변수 설정 및 루프에서 빠져나오기

2. TmpHit 변수 세터를 생성하고, 이를 라인 트레이스의 Out Hit와 연결한다.

3. 트레이스의 Return Value 핀을 Condition 입력에 연결하는 새로운 Branch
   노드를 생성한다.

4. Branch 노드의 True 출력을 for 루프의 Break 핀과 연결한다. 이를 통해 히
   트가 감지됐을 때 루프를 빠져나오고 임시 hit를 반환할 수 있다.

이제 트레이스 함수가 완료됐으므로 Event Graph를 구현하자.

1. Trace Interaction 컴포넌트의 Event Graph로 이동해 LineTrace 함수의 현재 함수 호출을 삭제하고 ParabolicTrace 함수로 변경한다.

2. ParabolicTrace 함수 입력의 경우, 좋은 시작점은 Time Step이 0.1이고 Step이 10, Speed는 500이다(그림 5.5 참조).

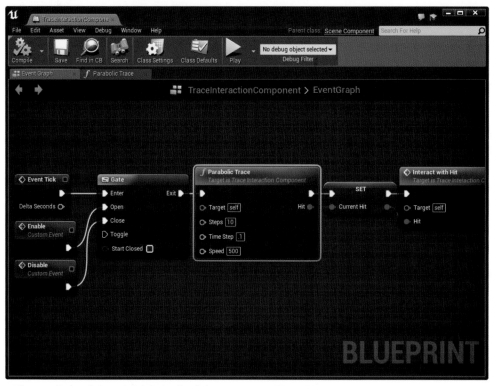

그림 5.5 포물선 트레이스: 인터랙션 컴포넌트에서 ParabolicTrace 함수 사용하기

텔레포트 시각화하기

텔레포트를 테스트할 때, 간단한 디버그 형태를 사용해 사용자에게 텔레포트 위치를 알릴 수 있다. 그러나 이 예제에서는 위치 추적뿐만 아니라 그 이상의 것을 시각화할 수 있도록 확장할 예정이므로 별도의 액터를 만들어 사용한다.

시각화 Material 만들기

첫 번째 단계는 텔레포트 시각화를 위해 사용될 Material을 만드는 것이다. 매우 간단한 그라디언트로 상단 및 하단 모두에서 흐려지게 할 것이다.

1. Content Browser에 Material 폴더가 없다면 생성한다.

2. TeleportVisualizer라는 이름의 새로운 Material을 생성한다.

3. Material을 열고 나서, **Blend Mode**를 **Translucent**(반투명)로 설정하고 **Shading Model**을 **Unlit**으로 설정한다. 그리고 **Details** 패널에서 **Two Sized**(양면)를 선택한다.

4. Color라는 이름의 새로운 VectorParameter 노드를 생성하고 기본값을 R = 0.25, G = 1.0, B = 0.5, A = 1.0으로 설정한다.

5. 그라디언트를 만들기 위해 먼저 새로운 TextureCoordinate 노드를 생성한다. 그래프에서 검색하거나 U + 클릭으로 생성할 수 있다.

6. TextureCoordinate에서 드래그하고 G 필드만 선택해 새 Mask 노드를 생성한다. 이를 통해 TextureCoordinate에서 Y 그라디언트만 추출할 수 있다.

7. 양 끝에서 그라디언트를 얻기 위해 Mask 노드에서 드래그해 새 Cosine 노드를 생성한다. 이것은 1에서 -1, 1로 가는 그라데이션을 만들기 위해 0에서 1까지의 그라디언트 입력을 취한다.

8. 그라디언트를 모두 양의 값으로 변환하기 위해 새 OneMinus 노드를 Cosine 노드 뒤에 추가한다. 이제 이 값은 0에서 2, 다시 0으로 가는 그라디언트를 형성한다.

9. OneMinus를 2로 나눠 이 값을 표준화한다(그림 5.6 참고).

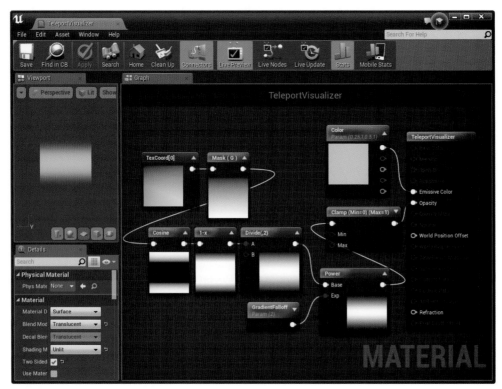

그림 5.6 텔레포트 시각화 Material

10. 그라디언트의 정도를 조절할 수 있는 컨트롤러를 추가하고자 한다면 새 Power 노드를 Divide 뒤에 추가하고 기본값을 2로 하는 GradientFalloff를 새 스칼라 매개변수로 전달한다.

11. 이 값이 0과 1 사이로 유지되도록 Power 노드 뒤에 새 Clamp 노드를 추가한다.

12. Clamp 출력을 Material의 Opacity 입력과 연결한다. 이를 통해 멋진 그라디언트를 만들 수 있다.

시각화 액터 만들기

이제 시각화 메시를 포함할 액터를 생성하자.

1. Blueprints 폴더에서 새 Blueprint 액터를 TeleportVisualizer라는 이름으로 만든다.

2. 새 Blueprint를 열고 Visual이라는 이름의 새 Static Mesh 컴포넌트를 추가한다.

3. 컴포넌트의 Static Mesh 속성을 S_EV_SimpleLightBeam_02로 설정한다. 이 옵션이 보이지 않는다면 View 옵션에서 Show Engine Content를 활성화한다.

4. Material의 Element 0을 새 TeleportVisualizer Material로 설정한다.

5. 텔레포터와 더 유사하게 만들기 위해 컴포넌트를 X축 기준으로 180도 회전시키고 Z축에서 0.3배로 크기를 조정한다(그림 5.7 참조).

그림 5.7 텔레포트 시각화 액터

간단한 텔레포테이션 볼륨 만들기

텔레포트를 시각화하는 방법을 알았다. 이제 우리는 사용자가 표면 위로 순간 이동할 수 있는 간단한 텔레포테이션 볼륨을 만들 수 있다.

1. Blueprints 폴더에서, TeleportVolume이라는 새 Blueprint 액터를 생성한다.

2. 새 Blueprint를 열고 두 개의 새 컴포넌트를 추가한다. 두 개의 컴포넌트는 디폴트 이름을 가진 박스와 TeleportVisualizer라는 Child 액터다.

3. Box를 선택하고 Box Extent를 (X = 200.0, Y = 200.0, Z = 1.0)로 설정한다(그림 5.8 참조).

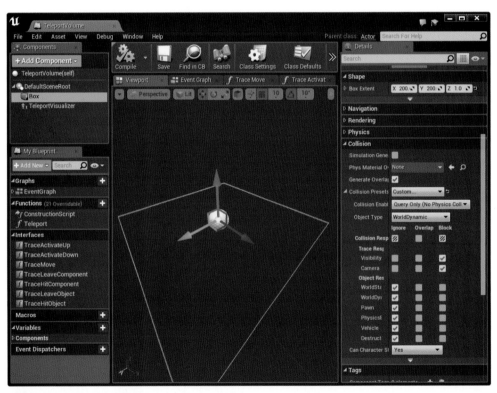

그림 5.8 텔레포트 볼륨: 컴포넌트

4. Box의 Collision Preset(콜리전 사전 설정)을 커스텀으로 하고 Collision Enabled 를 Query Only로 설정한다. Visibility(가시성)와 Camera를 제외한 나머지에 대해 콜리전 응답을 모두 Ignore로 선택한다.

5. Child 액터를 선택하고, Child 액터 클래스를 TeleportVisualizer로 설정한다.

6. TeleportVisualizer의 Visible 플래그 선택을 취소한다. 사용자가 그 볼륨을 볼 때 가시성이 활성화될 것이다.

7. TeleportVolume의 클래스 세팅을 열고 TraceInteractionInterface를 구현된 인터페이스 섹션에 추가한다(인터페이스 함수에 액세스하려면 컴파일해야 함).

8. TraceMove 함수를 열고 히트 입력을 해제한다.

9. TeleportVisualizer 컴포넌트를 위한 새로운 변수 게터를 만들고, 그 위에 SetWorldLocation을 호출한다.

10. 함수의 입력과 Return 노드 사이에 SetWorldLocation을 연결한다.

11. 해제된 히트 결과의 Location 핀을 SetWorldLocation 노드의 새 위치 입력 핀에 연결한다. 그러면 텔레포트 시각화 모듈이 플레이어가 볼륨과 인터랙션 하는 위치로 모든 프레임을 이동시킨다.

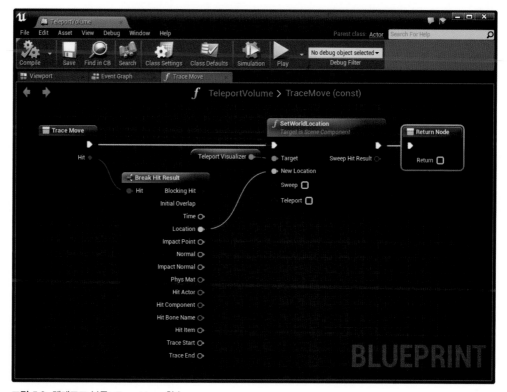

그림 5.9 텔레포트 볼륨: TraceMove 함수

12. TraceHitObject와 TraceLeaveObject 함수를 열고, TeleportVisualizer 컴포
넌트에 새로운 변수 게터를 추가한다.

13. 이러한 컴포넌트에서 SetVisibility를 호출해 TraceHitObject 함수의 두 박스
모두를 선택하고 TraceLeaveObject 함수의 마지막 박스만 선택한다. 그런 다
음 함수에 대해 입력과 Return 노드를 연결한다(그림 5.10 참조). 이것은 사용
자가 볼륨과 인터랙션할 때 시각화 프로그램visualizer을 표시하거나 숨긴다.

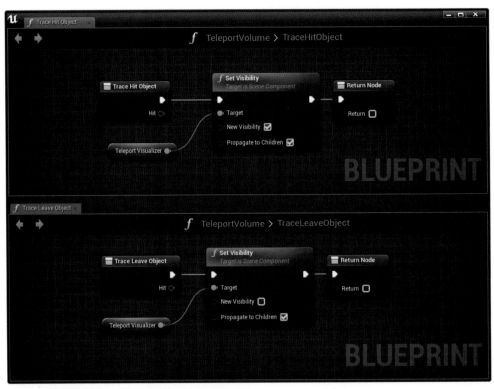

그림 5.10 텔레포트 볼륨: 히트하기와 벗어나기를 추적한다.

14. TeleportPlayer라는 새로운 함수를 만든다. 이 함수는 Player라는 이름의
Pawn과 Location이라는 이름의 벡터를 사용한다. 이것은 HMD의 위치를 고
려하면서 플레이어를 순간 이동시킬 것이다.

15. 함수를 열고, Player 입력에서 드래그해 `GetController` 함수를 호출한다. 그런
    다음 캐스트의 입력 수행 핀을 함수의 입력에 연결해 PlayerController로 캐
    스팅한다.

16. As Player Controller 핀에서 드래그해 PlayerCameraManager를 가져온다.

17. PlayerCameraManager 게터에서 드래그해 `GetCameraLocation` 함수를 호출
    한다(그림 5.11 참조).

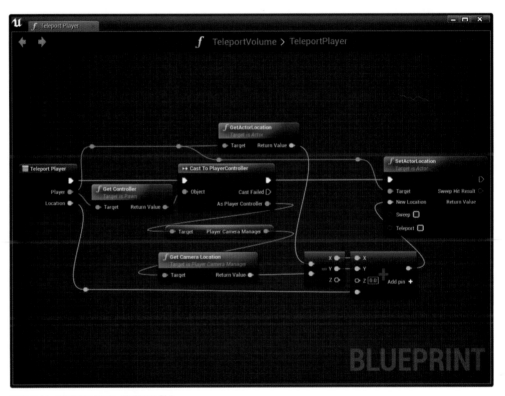

그림 5.11 텔레포트 볼륨: 텔레포트 함수

18. Player 입력에서 다시 한 번 드래그하고, `GetActorLocation` 함수를 호출한다.

19. 이러한 새로운 함수에서 드래그하고 GetCameraLocation에서 카메라 위치를
    뺀다.

20. 새 Vector + Vector 노드를 만들고 첫 번째 입력을 분할한다.

21. Actor - Camera 위치 노드의 출력을 분할하고 단계 18의 노드 입력에 해당하는 X와 Y를 전달한다.

22. 함수에서 입력 Location 변수를 단계 18에서 언급한 노드의 두 번째 핀으로 전달한다. 이렇게 하면 플레이어의 카메라 위치를 오프셋하는 벡터가 만들어질 것이고 텔레포트 이후 실제 위치가 중앙인지 확인할 수 있다.

23. 이 Vector + Vector 노드의 출력을 SetActorLocation의 새 위치 입력에 연결한다(그림 5.11 참조).

24. TraceActivateUp 함수를 열고 Hit Result 입력을 해제한다.

25. TeleportPlayer 함수를 호출하고 입력 및 Return 노드 사이에 연결한다.

26. 함수의 Instigator 입력을 TeleportPlayer 노드의 Player 입력에 연결한다.

27. TeleportPlayer 노드의 Location 입력을 해제하고, Hit Result의 Location 핀을 해제한다.

28. Location X와 Y를 TeleportPlayer 노드에 있는 Location 입력의 해당 입력에 연결한다.

29. 새 GetActorLocation 노드를 만들고 Return Value를 분할한다.

30. Return Value Z를 TeleportPlayer 노드의 나머지 입력에 전달한다(그림 5.12 참조). ActivateUp은 누를 때마다 플레이어가 히트 위치 X와 Y로 텔레포트되지만 텔레포트 볼륨의 크기를 나타내기 위해 액터의 Z로 텔레포트된다.

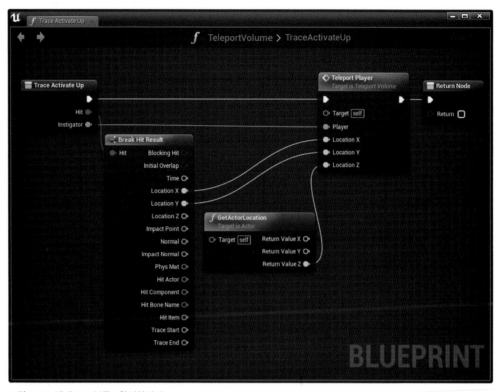

그림 5.12 텔레포트 볼륨: 활성화하기

4장의 파일들을 사용하고 있다면, 새로운 텔레포테이션 볼륨을 레벨에 추가하고 **Play**
를 눌러서 테스트한다. 그렇지 않은 경우, 사용자 커스텀 Pawn 및 인터랙션 컴포넌트
를 가지고 게임 모드에 추가해야 할 수 있다.

요약

5장에서는 새로운 포물선 트레이스 기능을 추가하기 위해 4장의 인터랙션을 확장하
는 방법을 배웠다.

또한 트레이스 인터랙션 컴포넌트를 사용해 사용자가 순간 이동할 수 있는 기본 텔레
포트 볼륨을 구현하는 방법을 살펴봤다.

연습 문제

이 시스템을 확장하는 방법이 있는가? 몇 가지 가능성은 다음과 같다.

- 사용자가 어디에서 왔는지 보여주는 트레일 파티클 효과를 추가한다.
- 플레이어가 순간 이동할 수 있도록 단일 포인트의 역할을 하는 새 텔레포트 액터를 생성한다.
- 플레이어가 빠르게 순간 이동하는 것을 막기 위해 잠시 동안 천천히 포물선 트레이스를 한다.
- 포물선 트레이스를 시각화할 수 있는 스플라인spline 컴포넌트를 만든다.

6장

언리얼 모션 그래픽스와 2D 사용자 인터페이스

3D 매체가 있음에도 불구하고, 여전히 2D UI는 VR에서 사용자에게 비교적 많은 양의 정보를 보여주거나 친숙한 인터랙션 패러다임을 허용하는 편리한 방법을 제공한다. 6장에서는 VR 환경에서 2D UI를 사용할 때 해결해야 할 몇 가지 도전 과제들을 살펴보고, 언리얼 모션 그래픽스(UMG) 인터랙션 시스템을 구현하는 방법을 알아본다. 또한 이 시스템을 다른 인터랙션 시스템으로 통합하는 방법을 살펴본다.

VR에서 2D UI의 도전 과제

VR에서 UI는 기존의 2차원 게임에서 발생하지 않는 까다로운 문제를 일으킨다. 우선, 기존 게임에서 대부분의 UI는 헤드 고정head-locked이다(게임에 존재하는 가상 플레이어의 머리에 부착돼 플레이어의 움직임에 따라 UI가 따라다닌다). 이것을 현재의 VR 시스템으로 포팅할 때 몇 가지 주요 이슈들이 발생한다.

VR에서 헤드 고정 UI를 구현할 때 두 가지 주요 문제가 발생되는데, 첫 번째는 기존의 헤드 고정 UI는 선명도를 유지하기 위해 직각으로 투영된다는 것이다. 즉, UI는 3D 게임 세계와 인터랙션할 필요가 없기 때문에 게임 내에 있는 다른 모든 요소들의 가장 위에 그릴 수 있다.

그러나 VR에서 사용자 인터페이스를 직각으로 투영하면, 플레이어의 눈에 인터페이스가 마치 무한히 멀리 떨어져 있는 것처럼 보일 수 있다. 추측할 수 있듯이, 이것은 나쁜 아이디어다. 플레이어의 눈과 무한대가 아닌 세계에 있는 어떤 물체 사이의 불일치로 연결되며(우리의 뇌가 멀리 있다고 생각하는 것이 더 가까이에 있는 물체 위에 렌더링되기 때문이다), 이것은 불편함을 유발할 수 있다.

헤드 고정 UI가 일반적으로 VR에서 나쁜 아이디어로 여겨지는 또 다른 이유는 HMD에 필요한 현재 기술의 렌즈가 완벽하지 않기 때문이다. 플레이어가 그들의 눈에 매우 근접한 스크린에 집중할 수 있을 만큼 완벽한 렌즈가 필요하다. 또한 가장 선명한 이미지는 플레이어 시야의 중앙에 있다는 한계를 가지고 있다. 즉, 주변부로 이동할수록 이미지는 덜 명확해진다. 따라서 UI 요소를 플레이어의 시야 가장자리까지 밀면 중앙보다 판독하기 어려운 UI가 된다. 다른 큰 문제는 플레이어들의 눈동자 거리(플레이어의 눈에서 HMD 스크린 사이의 거리) 차이 때문에 주변부에 있는 것이 다른 것에 완전히 숨겨질 수 있다.

어떻게 하면 이러한 문제를 해결할 수 있을까? 간단한 솔루션은 3차원으로 객체(일반적으로 쿼드)를 만들어 게임 세계에 배치한 후 모든 UI를 그 위에 렌더링하는 것이다. 이것은 게임 세계의 투시 투영법이 적용되기 때문에 직각 투영의 거리 문제가 해결된다. 필요할 때 플레이어가 UI의 일부를 자유롭게 볼 수 있기 때문에 헤드 고정 UI의 주변부 이슈 또한 해결된다. 이것은 실제로 언리얼이 채택한 솔루션이다.

그러나 이 솔루션에 문제가 없는 것은 아니다. 6장에서는 이러한 문제 중 일부에 대한 잠재적인 솔루션을 설명할 것이다.

VR에서 기존의 사용자 인터페이스를 사용할 때 발생하는 또 다른 문제는 실제로 UI가 필요한지를 스스로에게 물어볼 때 발생한다. 어리석은 질문처럼 느낄지도 모르겠다. 그러나 몰입감 레벨의 증가와 매체의 고유한 입체적stereo 특성으로 인해 대부분의 기존 2차원 UI가 많이 남아있다. 기존 UI에서 벗어난 UI는 종종 더 몰입하는 경험을 만들기도 한다. 예를 들어, 슈팅 게임에서 총알의 수가 표시되는 것보다는 남아있는 총알의 수를 확인하기 위해 실린더를 들여다보는 것이 더 현실적이다. 물론, 이 모든 것은 게임의 스타일과 유형에 달려 있다. 경우에 따라 큰 글자가 VR 세계의 스타일에 실제로 맞을 수도 있다.

UMG의 역사와 호환성

언리얼 모션 그래픽스UMG는 사용자 인터페이스를 만드는 언리얼 엔진의 위지윅 WYSIWYG, What You See Is What You Get 툴이다. 그래픽스 편집기 안에 위젯을 배치하고 모양과 기능을 정의해 메뉴, UI, HUD(헤드업 디스플레이)를 계층적으로 정의할 수 있다.

UMG는 버전 4.4부터 엔진에 통합됐다. 2차원 UI를 만들기 위해 만들어졌지만 VR UI 구현에도 사용될 수 있다. 초기 UMG에는 앞에서 설명한 문제들이 있었다. 그러나 버전 4.6 이후 실험용 3D UMG 컴포넌트가 엔진에 추가돼 3D 공간에 UMG 위젯을 배치하고 크기, 배경색 등의 기본 속성을 설정할 수 있게 됐다. 그러나 이것으로 모든 문제가 해결된 것은 아니다. VR 개발자가 직면한 주요 문제는 월드에 렌더링된 위젯과 인터랙션할 수 있는 방법이 없다는 한계였다. 이 문제를 해결하기 위해, 많은 개발자들은 월드 유닛에서 상대relative UMG 유닛으로 수동 좌표 변환을 수행했다. 그리고 커스텀 위젯을 생성하고 커스텀 히트를 감지하는 트릭을 사용했다. 또는 트레이스를 사용해 개발자가 3D 위젯과 수동으로 인터랙션할 수 있는 플러그인을 추가하는 등의 트릭을 사용했다(4장, '트레이스 인터랙션' 참조).

그러나 엔진 버전 4.13에서 UMG 인터랙션 컴포넌트가 추가돼 이러한 문제는 해결됐다. 이 컴포넌트는 6장에서 사용할 것이다.

기본 VR 메뉴 생성하기

기본 VR 메뉴를 생성하기 위해 세 가지 액터가 필요하다.

- 실제 UI 위젯들을 가지고 모양과 레이아웃을 정의하는 기존 UMG 위젯
- 3D 위젯 컴포넌트를 가지고 3D 공간에 UMG 위젯을 표시하는 액터
- VR 카메라와 3D 공간에서 위젯과 인터랙션할 수 있는 위젯 인터랙션 컴포넌트를 갖춘 플레이어 Pawn

우선 VR 게임의 전형적인 메뉴와 유사한 UMG 위젯을 만들어보자. 플레이어가 게임을 시작하고, 컴포트 모드를 사용할지 여부를 선택하고, 게임의 난이도를 변경하고, 게임을 종료할 수 있다. 구현은 당신의 게임/경험에 따라 다를 수 있으므로 이러한 옵션이 적합하지 않을 수 있다는 것도 기억하자.

1. 언리얼 엔진 4.13 이상을 사용해 스타터starter 콘텐츠 없이 새로운 빈 Blueprint 프로젝트를 생성한다.

2. 폴더 구조를 생성하기 위해 콘텐츠 폴더 아래에 두 개의 새로운 폴더인 Blueprints와 UMG를 생성한다. Blueprints는 당신이 만든 Blueprints를 저장하고, UMG 폴더는 UMG 위젯을 가지고 있을 것이다.

3. Add New > User Interface > Widget Blueprint를 클릭해 UMG 폴더에 새 위젯 Blueprint를 생성한다. 이름은 MenuWidget으로 한다.

4. 이 새로운 위젯을 열고, 이미 존재하는 Canvas 패널을 삭제하고 Vertical Box로 대체한다. 이렇게 하면 쉽게 내부 메뉴 위젯을 배치할 수 있다.

5. Fill Screen을 너비와 높이가 200인 Custom으로 설정한다. 이 경우 게임에 200UU(2m)로 표시된다.

6. Vertical Box 패널 위로 드래그해 UMG 위젯에 새로운 버튼을 추가한다. 이 버튼 이름을 StartButton으로 지정하고 Padding을 (Left = 10.0, Top = 10.0, Right = 10.0, Bottom = 5.0)로 설정한다.

7. 새 Text 위젯을 드래그해서 StartButton 위젯에 첨부하고, 텍스트를 'Start.'로 변경한다.

8. Start 버튼 아래로 새로운 Check Box 위젯을 드래그해 이름을 ComfortModeCheckBox로 지정하고 **Checked**로 설정한다. 패딩을 (Left = 10.0, Top = 5.0, Right = 10.0, Bottom = 5.0)로 설정한다.

9. 이 체크박스 위로 새로운 Text 위젯을 드래그해 텍스트를 'Comfort Mode'로 설정하고 폰트 크기를 12로 설정한다.

10. 새로운 Combo Box 위젯을 드래그해 Comfort Mode Check Box 아래에 놓는다. 위젯의 **Default Options**에 세 개의 새 문자열('Easy', 'Normal', 'Hard')을 추가하고, **Selected Option**을 **Normal**로 설정한다(그림 6.1 참조).

그림 6.1 게임 시작과 종료 버튼이 있는 기본 VR 메뉴와 컴포트 모드 및 게임 난이도 설정을 위한 옵션

11. Difficulty Combo의 **Font Size**를 12로 변경하고 패딩을 (Left = 10.0, Top = 5.0, Right = 10.0, Bottom = 5.0)로 설정한다.

12. **Start** 버튼을 선택하고 **Ctrl + C**를 눌러 복사한다.

13. **Vertical Box** 패널을 선택하고 **Ctrl + V**를 눌러 복사된 위젯을 복제한다.

14. 새롭게 생성된 위젯을 선택하고, ExitButton으로 이름을 지정한다. **Vertical Alignment**(수직 정렬)를 **Bottom**으로, **Size**는 **Fill**로, 패딩을 (Left = 10.0, Top = 0.0, Right = 10.0, Bottom = 10.0)로 설정한다.

15. 이 버튼 안의 텍스트를 선택하고 **Text** 속성을 'Exit'로 설정한다.

메뉴 액터

2D 메뉴 위젯을 생성한 후, 위젯의 3D 표현을 위해 월드에 배치할 수 있는 3차원 액터를 만들어야 한다.

1. Blueprint 폴더에 새로운 액터 Blueprint를 생성하고 MenuActor라는 이름을 지정한다.

2. 이 액터에 메뉴를 추가하기 위해 새로운 Widget 컴포넌트를 추가한다.

3. 새로운 Widget 컴포넌트를 선택하고, User Interface의 **Details** 패널에서 위젯 클래스를 방금 작성한 MenuWidget에 설정한다.

4. 같은 탭에서, **Draw Size**(크기)를 (X = 200, Y = 200)로 설정한다. 이것은 위젯을 만들 때 사용한 설정과 일치하지만, 꼭 그러할 필요는 없다. UMG 위젯은 임의의 크기로 조정할 수 있다.

5. **Draw Size** (X = 200, Y = 200)은 월드에서 여전히 큰 크기이므로 컴포넌트의 **Scale**을 (X = 0.5, Y = 0.5, Z = 0.5)로 설정한다. 위젯이 고해상도로 렌더링되고 크기가 축소됐기 때문에 텍스트를 더 선명하게 만드는 좋은 추가 효과가 될 것이다.

6. Widget 컴포넌트의 Details 패널에서 배경색을 (R = 0.0, G = 0.0, B = 0.0, A = 0.2)로 설정하고 Blend Mode를 Transparent로 설정한다. 이로 인해 성능은 저하되겠지만 검은색 배경이 월드와 조화를 이루도록 도와줄 것이다(그림 6.2 참조).

그림 6.2 필요한 3D 위젯 컴포넌트를 포함하는 VR 메뉴 액터

7. 위젯과의 사용자 인터랙션에 응답하려면, Widget 오브젝트에 액세스해야 한다. 이를 위해 Widget 컴포넌트에 대한 게터를 Event Graph로 드래그하고 GetUserWidgetObject를 호출한다(그림 6.3 참조)

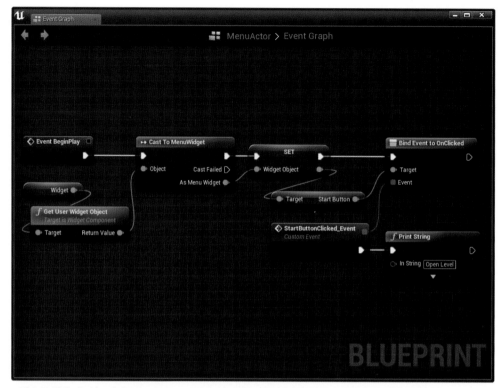

그림 6.3 위젯 컴포넌트에서 WidgetObject 가져오기와 Start 버튼의 클릭 이벤트 디스패처에 이벤트 할당하기

8. 메뉴 안의 특정 위젯에 액세스하려면, GetUserWidgetObject 노드에서 드래 그해 MenuWidget 오브젝트로 캐스팅함으로써 그 캐스트의 입력 실행 핀을 EventBeginPlay로 연결한다.

9. 캐스트의 As Menu Widget 출력 핀에서 드래그해 **Promote to Variable** 옵션을 클릭함으로써 Menu Widget 타입의 새로운 변수를 생성한다. 그리고 이름을 WidgetObject로 지정한다. 이렇게 하면 필요할 때마다 쉽게 위젯에 액세스할 수 있다.

10. 이 위젯의 이벤트에 응답하려면, WidgetObject 세터의 파란색 출력 핀에서 드래그하고 메뉴에 있는 Start 버튼으로 참조를 가지고 있는 StartButton 변수를 가져온다.

11. 이 버튼에 대한 클릭 이벤트에 응답하려면, 변수 게터에서 드래그해 Assign OnClicked 옵션을 선택한다. 이렇게 하면 새로운 이벤트를 생성하고 버튼에서 디스패처로 자동 바인딩된다(그림 6.3 참조).

12. 이제 이 이벤트에서 원하는 모든 것을 할 수 있으며, 이 이벤트는 플레이어가 Start 버튼을 누를 때 호출된다(게임 플레이가 포함된 새로운 레벨을 여는 것과 같다).

메뉴 Pawn

2D 위젯과 3D 위젯 액터를 생성한 후에는 플레이어가 3D 메뉴와 인터랙션할 수 있도록 위젯 인터랙션 컴포넌트를 가지고 있는 Player Pawn을 생성해야 한다.

1. Blueprints 폴더에 새로운 Pawn Blueprint를 생성하고 이름을 MenuPawn으로 지정한다.

2. 세 개의 새로운 컴포넌트인 CameraRoot라는 씬^Scene, Camera라는 카메라, WidgetInteraction이라는 Widget Interaction 컴포넌트를 생성한다.

3. Camera 컴포넌트를 CameraRoot의 최상위에 놓고 Widget Interaction 컴포넌트를 Camera의 위에 놓는다. 이렇게 하면 Camera가 Scene 컴포넌트의 하위 항목이 되고, Widget Interaction 컴포넌트가 Camera의 하위 항목이 된다. Camera는 플레이어가 Camera의 뷰를 사용해 위젯과 인터랙션할 수 있게 된다(그림 6.4 참조).

그림 6.4 기본 위젯 인터랙션 컴포넌트를 가진 VR 메뉴 Pawn

4. Widget Interaction 컴포넌트는 기억해야 할 몇 가지 속성을 가진다. Interaction Source는 컴포넌트가 위젯과 인터랙션하는 방법을 알려준다. 기본 값은 World며, 화살표 방향으로 추적하고, 히트하는 Widget 컴포넌트와 인터 랙션한다. Interaction Distance는 World 인터랙션 메소드를 사용할 때 컴포넌 트가 추적하는 최대 인터랙션 거리다. 마지막으로, Interaction 컴포넌트는 가 상 사용자라는 개념을 가진다. 이 기능을 사용해 서로 다른 사용자를 정의하 고 여러 플레이어가 위젯과 인터랙션할 수 있다. 이것은 Virtual User Index 속 성으로 설정할 수 있다.

5. Widget Interaction 컴포넌트의 인터랙션 메소드가 월드이기 때문에 호버hover 이벤트가 자동으로 처리되므로 기능 인터랙션 시스템을 얻으려면 프레스press 이벤트를 활성화해야 한다. Event Graph에서 새로운 LeftMouseButton 이벤 트를 생성한다(이것은 터치패드 프레스처럼 필요한 인터랙션 메소드로 바꿀 수 있다).

6. Widget Interaction 컴포넌트를 위한 변수 게터를 드래그하고 LeftMouse Button 키를 전달하고 입력 실행 핀을 LeftMouseButton 이벤트의 Pressed 핀에 연결해 `PressPointerKey` 함수를 호출한다.

7. 위젯 인터랙션 게터를 다시 한 번 드래그해 LeftMouseButton 키를 전달하고 LeftMouseButton 이벤트의 Released 핀을 입력 실행 핀으로 연결해(그림 6.5 참조) ReleasePointerKey 이벤트를 호출한다. 이것은 Interaction 컴포넌트가 인터랙션하는 현재 위젯에서 마우스 버튼을 시뮬레이션한다.

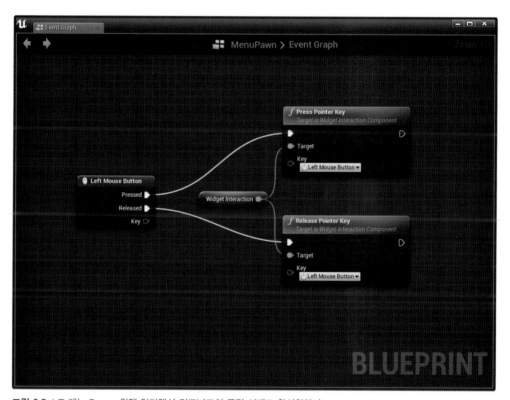

그림 6.5 VR 메뉴 Pawn: 위젯 인터랙션 컴포넌트의 클릭 이벤트 활성화하기

이제 간단한 메뉴 인터랙션 시스템에 대한 기본 지식을 알았으므로, 메뉴 액터와 Pawn을 레벨에 추가할 수 있고 인터랙션을 테스트할 수 있다.

커스텀 메뉴 인터랙션 ▉▉▉▉▉▉▉▉

이전 절에서 위젯 인터랙션 컴포넌트를 사용할 때 기본값으로 활성화된 빌트인 메뉴 인터랙션 메소드를 사용했다. 그러나 이 방법에는 몇 가지 제한이 있다. 주된 제한은 컴포넌트가 제공하는 라인 트레이스로 한정된다는 것이다.

다행히도, 이 컴포넌트를 더 복잡한 인터랙션 시스템(4장과 5장에서 개발한 것과 같은) 으로 통합하는 것은 쉽다. 두 가지 옵션이 있다. 하나는 위젯 인터랙션 컴포넌트를 커스텀 인터랙션 컴포넌트 옆에 놓고 위젯 인터랙션 컴포넌트를 인식하도록 해서 히트된 메뉴와 인터랙션하기 위해 필요한 함수를 호출하는 것이다. 다른 방법은 컴포넌트에서 필요한 함수를 호출하는 자신의 위젯 인터랙션 컴포넌트를 가지는 각 메뉴 액터를 가질 수 있다는 것이다. 처리한 인터랙션 컴포넌트가 하나뿐이므로 첫 번째 방법이 좋다. 그러나 두 번째 접근 방법도 커스텀 인터랙션 컴포넌트가 실험용 위젯 인터랙션 컴포넌트와 독립적으로 유지되기 때문에 좋다. 다음 두 절에서는 두 가지 접근 방법을 모두 설명한다.

커스텀 메뉴 인터랙션 구현하기: 접근법 1

첫 번째 접근법은 4장에서 생성된 트레이스 인터랙션 컴포넌트에 메뉴 인터랙션 기능을 추가하는 것이다.

1. 4장의 Trace Interaction 컴포넌트를 6장의 프로젝트로 마이그레이션한다.
2. Trace Interaction 컴포넌트를 연다. Widget Interaction Reference 타입의 `WidgetInteraction`이라는 새 변수를 `Private`로 생성한다.
3. 다른 변수와 달리, 상위 Blueprint의 컴포넌트 탭에서 이 변수를 기본값으로 설정할 수 없다. Widget Interaction 컴포넌트는 레벨이 시작될 때까지 생성되지 않으므로 런타임까지 사용할 수 있는 레퍼런스가 없기 때문이다. 이 문제를 해결하려면, WidgetInteraction이라는 Widget Interaction 컴포넌트를 사용하는 Setup이라는 새로운 커스텀 이벤트를 생성한다(그림 6.6 참조).

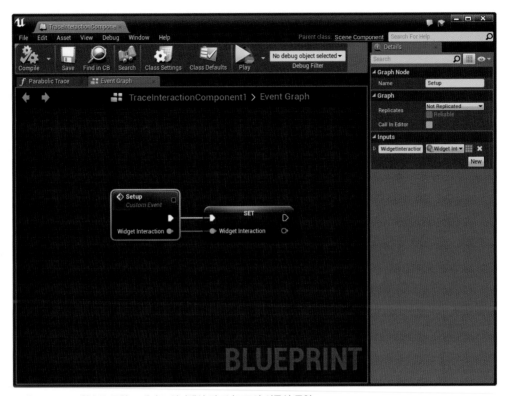

그림 6.6 Setup 함수를 통한 트레이스 인터랙션 컴포넌트로의 의존성 주입

4. WidgetInteraction 변수에 대한 변수 세터를 생성하고 Setup 사용자 정의 이
   벤트로 두 개의 핀을 연결한다. 상위 Blueprint로부터 이것을 호출하고, Trace
   Interaction 컴포넌트를 사용할 Widget Interaction 컴포넌트를 전달한다. 이
   것은 컴포넌트가 가지고 있는 모든 종속성을 한 번에 깨끗하게 전달할 수 있
   는 방법이다.

5. EventBeginPlay 노드로 이동해 WidgetInteraction 참조를 위한 새 게터 변수
   를 생성하고 새 변수에서 새 IsValid 노드를 생성한다. 이 노드를 위한 입력 실
   행 핀을 InteractWithHit 함수 호출의 출력에 연결한다(그림 6.7 참조).

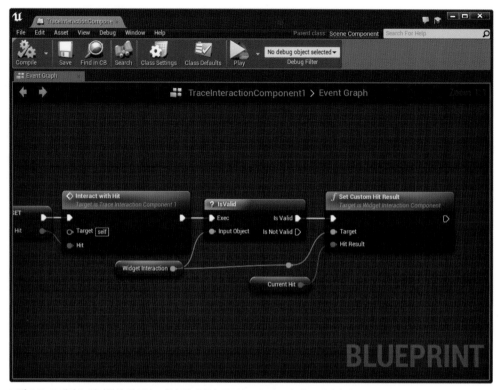

그림 6.7 트레이스 인터랙션 컴포넌트에서 인터랙션 컴포넌트의 커스텀 히트 설정하기

6. WidgetInteraction 게터에서 다시 한 번 드래그해 `SetCustomHitResult` 함수
   를 호출하고 새 Current Hit 게터에 그것의 Hit Result 입력을 연결한다. 그리
   고 유효성 검사의 IsValid 출력을 그것의 입력 실행 핀에 연결한다. 그 결과 주
   어진 Widget Interaction 컴포넌트에 대한 커스텀 히트를 설정할 수 있고, 이
   는 히트가 Trace Interaction 컴포넌트가 인터랙션하고자 하는 것과 상호작용
   할 수 있게 한다.

7. 커스텀 이벤트 노드인 ActiveDown과 ActiveUp으로 가서, 두 노드를 위한 새
   `WidgetInteration` 변수 게터를 생성한다. 그리고 앞서 단계 5에서 진행한 유
   효성 검사와 동일한 검사를 수행한다(그림 6.8 참조).

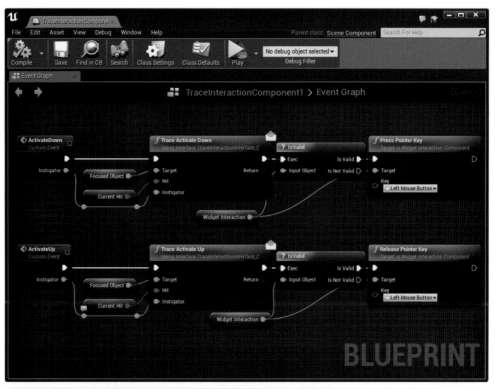

그림 6.8 트레이스 인터랙션 컴포넌트의 현재 히트 위젯에서 포인터 키 시뮬레이션하기

8. IsValid 노드 다음에 ActiveDown과 Up 이벤트에서 PressPointerKey와 ReleasePointerKey를 각각 호출하고 LeftMouseButton 키를 전달한다. 그 결과, Trace Interaction 컴포넌트를 활성화하라는 메시지가 표시될 때 호버 메뉴hovered menu가 활성화된다.

9. Blueprints 폴더에 TraceComponentPawn이라는 새 Pawn을 생성한다.

10. 이 Pawn 내부에 네 가지 새 컴포넌트를 생성한다. 네 가지 컴포넌트는 CameraRoot라는 Scene과 기본 이름을 갖는 Camera, TranceInteraction, WidgetInteraction이다.

11. Camera를 CameraRoot와 연결하고 Trace Interaction 컴포넌트를 Camera 와 연결한다.

12. WidgetInteraction 컴포넌트를 선택하고 **Interaction Source**를 Custom으로 설정한다(그림 6.9 참조). 즉, Widget Interactor의 기본 동작은 무시되고 단계 6의 SetCustomHitResult가 대신 사용된다.

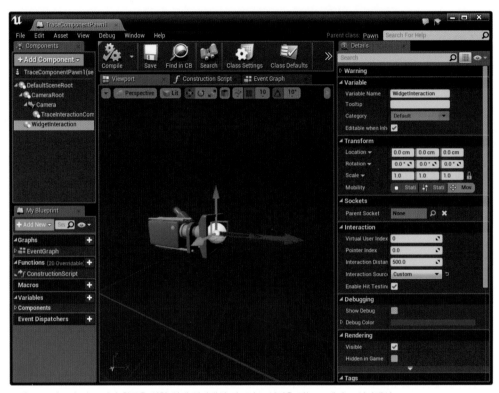

그림 6.9 커스텀 히트 결과 획득을 위한 위젯 인터랙션 컴포넌트 설정을 갖는 트레이스 인터랙션 Pawn

13. Pawn을 작동시키기 위해 마지막으로 해야 하는 것은 Trace Interaction 컴포넌트를 활성화하는 것이다. 먼저 Trace Interaction 컴포넌트를 위한 게터를 생성하고 Widget Interaction 컴포넌트를 함수의 마지막 입력으로 해서 **Setup** 함수를 호출한다.

14. **Setup** 함수 호출을 EventBeginPlay 노드에 연결한다.

15. 새 LeftMouseButton 이벤트를 생성한다.

16. Trace Interaction 컴포넌트를 위한 새 게터를 생성하고 Instigator 입력으로
    Self에 대한 참조를 전달해 `ActivateDown`과 `ActivateUp` 함수를 호출한다.

17. LeftMouseButton 이벤트의 Pressed 핀을 ActivateDown과 연결하고
    Released 핀을 ActivateUp과 연결한다(그림 6.10 참조). 그 결과, Trace
    Interaction 컴포넌트가 활성화되고 이는 Widget Interaction 컴포넌트를 활
    성화한다.

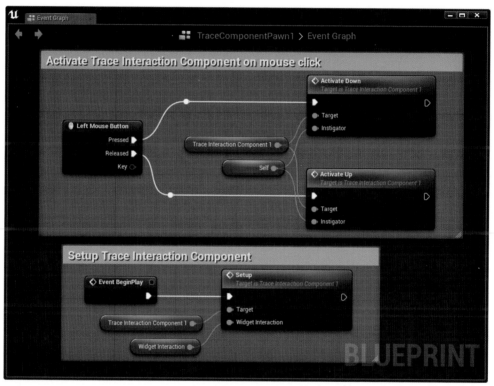

그림 6.10 왼쪽 마우스 버튼으로 트레이스 인터랙션 컴포넌트를 활성화하고 Begin Play에서 트레이스 인터랙션 컴포넌트
에 의존성 전달하기

이제 UMG 메뉴와 함께 작동하는 일반적인 트레이스 인터랙션 컴포넌트가 있다.

커스텀 메뉴 인터랙션 구현하기: 접근법 2

커스텀 메뉴 인터랙션을 추가하는 두 번째 접근법은 4장에서 만든 트레이스 인터랙션 컴포넌트를 확장하는 대신, 이미 프로그래밍된 기능을 사용해 메뉴와 상호작용하는 작업을 메뉴에 푸시하는 것이다.

1. 4장의 Trace Interaction 컴포넌트를 6장에 가져온다.

2. Blueprint 폴더에 TraceComponentPawn이라는 새 Pawn Blueprint를 생성한다.

3. Pawn을 열고 새 컴포넌트 세 가지를 생성한다. 각 컴포넌트는 CameraRoot라는 Scene 컴포넌트와 기본 이름을 갖는 Camera 및 TraceInteraction 컴포넌트다.

4. Camera를 CameraRoot에 연결하고 TraceInteraction 컴포넌트를 Camera와 연결한다. 이렇게 하면 플레이어가 바라보는 모든 것과 인터랙션할 수 있다.

5. Pawn의 Event Graph에서 새 LeftMouseButton 이벤트를 생성한다.

6. TraceInteraction 컴포넌트를 위한 새 변수 게터를 생성하고 Instigator 입력으로 Self를 전달해 ActivateDown과 ActivateUp 함수를 호출한다.

7. LeftMouseButton의 Pressed 핀을 ActiveDown에 연결하고 Released 핀을 ActivateUp에 연결한다(그림 6.11 참조).

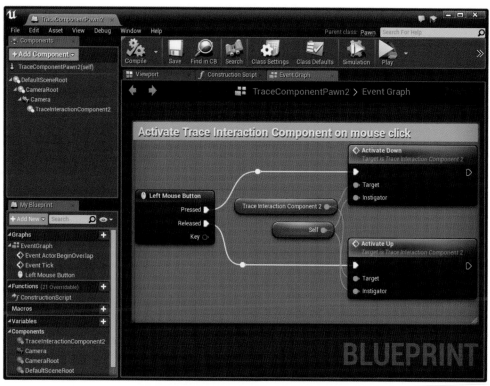

그림 6.11 메뉴 단위로 처리되는 위젯 인터랙션 컴포넌트가 없는 트레이스 인터랙션 Pawn

8. Blueprints 폴더에서 MenuActor Blueprint를 열고 **Class Settings**에서 Trace Interaction Interface를 추가한다.

9. Blueprint에 새 Widget Interaction 컴포넌트를 추가하고 **Interaction Source** 를 **Custom**으로 설정한다(그림 6.12 참조).

그림 6.12 커스텀 Interaction Source를 가진 위젯 인터랙션 컴포넌트를 메뉴 액터에 추가하기

10. TraceMove 인터페이스 함수를 연다. 만약 이 함수가 보이지 않는다면 Blueprint를 컴파일한다.

11. 새 Widget Interaction 변수 게터를 생성한다. SetCustomHitResult 함수를 호출하고 이를 함수 입력과 Return 노드 사이에 연결한 후, 입력 Hit을 함수의 Hit Result 입력에 연결한다(그림 6.13 참조). 이는 플레이어가 메뉴를 볼 때마다 커스텀 히트를 설정하게 한다.

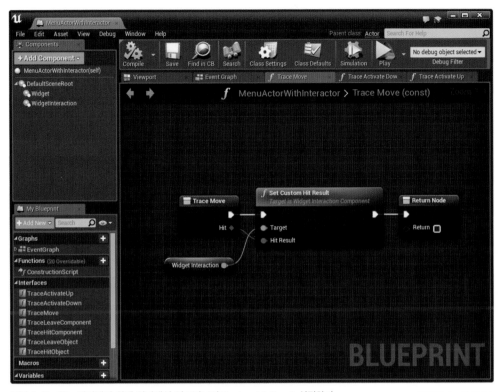

그림 6.13 메뉴 액터에서 위젯 인터랙션 컴포넌트의 Custom Hit Result 설정하기

12. `TraceActivateDown` 함수를 열고 Widget Interaction 컴포넌트에 대한 다른 게터를 생성한다.

13. LeftMouseButton을 키로 전달해 `PressPointerKey` 함수를 호출하고, 그림 6.14를 참고해 이 함수를 함수의 입력과 Return 노드 사이에 연결한다.

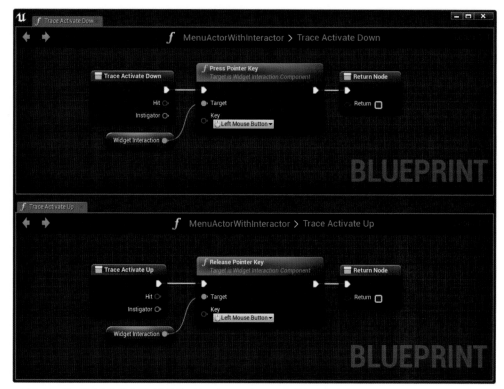

그림 6.14 메뉴 액터에서 위젯 인터랙션 컴포넌트의 Press와 Release 함수 호출하기

14. 단계 12와 13을 반복한다. 단, `PressPointerKey` 대신 `ReleasePointerKey` 함
수를 호출한다.

결합성^{composability} 덕분에 이제 트레이스 인터랙션 컴포넌트를 건드리지 않고도 기능
메뉴를 사용할 수 있다. 그리고 트레이스 인터랙션 컴포넌트는 다른 컴포넌트에 종속
되지 않는다. 유일한 단점은 성능상의 문제를 초래할 수 있다는 것이다. 이는 같은 공
간에 여러 개의 인터랙션 컴포넌트가 있거나 다중 사용자의 인터랙션을 다뤄야 하는
힘든 작업이 발생할 때 생길 수 있다. 단일 메뉴에는 영향을 주는 여러 개의 인터랙션
컴포넌트가 없기 때문이다.

요약

6장에서는 헤드 고정이라는 대안 대신에 월드 좌표상 UI의 필요성을 살펴봤다. 그리고 언리얼 엔진이 이 기능을 구현하기까지의 역사도 알아봤다.

빌트인 위젯 인터랙션 컴포넌트를 사용해 기본 메뉴와 메뉴 인터랙션 시스템을 스크래치부터 만드는 방법을 살펴봤고, 4장과 5장에서 개발한 트레이스 인터랙션 시스템에 유사한 기능을 통합하는 방법도 배웠다.

연습 문제

6장에서 제시한 접근법은 메뉴뿐 아니라 메뉴와 유사한 것에도 잘 적용된다. 메뉴를 포함한 메뉴와 유사한 것은 종종 위치를 예측할 수 있기 때문이다. 그러나 플레이어의 HUD와 기타 UI 요소의 위치를 사용자가 제어할 수 있을 경우에는 3D 공간에 있는 메뉴로 인해 새로운 문제가 발생한다.

직면할 수 있는 주요 문제는 오클루전^{occlusion}이다. UI가 게임 내의 다른 지오메트리와 교차하거나 완전히 가려질 때는 어떻게 해야 할까?

이 문제에 대한 몇 가지 흥미로운 해결책이 있다. 엔진의 깊이 테스트를 모두 비활성화하는 방법이다. 이를 위해 커스텀 반투명 Material을 생성하고 Translucency 탭의 Disable Depth Test를 선택해야 한다. 결과적으로 메뉴는 항상 다른 요소 위에 렌더링될 수 있다. 그러나 이 방법은 스테레오 불일치를 야기할 수 있다.

UE4의 깊이 커스텀 기능을 사용해 다른 지오메트리와 교차할 때 더 반투명인 버전의 UI를 화면에 표시할 수도 있다.

아니면 뭐든지 할 수 있다. 이야말로 게임을 만드는 것이 즐거워지는 부분이다. 이 문제를 해결할 수 있는 흥미로운 해결책을 생각해보고 게임 혹은 경험에 더 적합한 것을 선택하면 된다.

또 다른 인기 있는 메뉴는 모션 컨트롤러가 있을 경우 메뉴를 한 손에 부착하고 이 메뉴를 다른 것들과 인터랙션하는 것이다. 이를 위해 생성된 메뉴 액터를 Pawn의 모션 컨트롤러에 연결하고 위젯/트레이스 인터랙터를 다른 모션 컨트롤러에 연결한다. 이 기능을 사용하려면 트레이스 기능에서 자체 충돌self-collision을 활성화해야 한다. 이 기술도 사용해보고 어떤 것이 게임에 더 적합한지 확인해보자.

캐릭터의 역운동학

VR을 통해 플레이어는 가상 캐릭터 안에 들어간 것 같은 체험을 할 수 있다. 따라서 플레이어의 실세계 동작을 가상 캐릭터로 잘 복사할 수 있다면 몰입은 배가 될 것이다.

7장에서는 언리얼 엔진 기술을 사용해서 플레이어의 현재 위치에 대해 알려진 정보를 통해 사용자의 현재 자세를 보간하는 방법을 다룬다.

역운동학 소개

원하는 결과를 얻기 위해 각 뼈의 회전을 정의하는 정운동학Forward Kinematics과는 달리, 역운동학IK, Inverse Kiematics은 엔드 이펙터end effector 목표를 정의하고 시스템이 뼈 회전이 목표에 도달하기 위해 필요한 것을 보간interpolate하도록 한다.

대다수의 VR 헤드셋이 정확한 헤드 트래킹을 할 수 있으므로, 사용자의 머리가 가상 세계에서 어디에 있는지 정확히 알 수 있다. 그러나 고가의 모션 캡처 장비가 없는 경우, 다른 뼈가 어디에 있는지 반드시 알아야 할 필요는 없다(모션 컨트롤러의 경우 손은 제외함).

이러한 상황에서 역운동학을 사용하면 뼈가 회전하는 예측 가능한 방식을 통해 뼈대의 다른 뼈 위치를 추정할 수 있다. IK의 가장 간단한 방법은 2-bone IK(그림 7.1 참조)다. 이는 몇 가지 기본 삼각함수 항등식을 통해 뼈의 회전을 분석적으로 계산할 수 있기 때문이다. 그러나 VR에서와 같이 3차원이 도입되면 2-bone IK 설정에 대한 가능한 솔루션이 무한히 많아진다는 점을 주의한다. 이를 해결하기 위한 방법으로 Pole Vectors/Joint Targets를 소개한다. 이를 통해 개발자는 뼈가 어떻게 움직이는지에 대한 기본 설정preference을 만들 수 있다. UE4에서 Joint Targets는 루트 뼈에서 IK 목표 지점까지의 방향과 함께 평면을 생성하는 공간의 한 점을 정의한다(이 평면의 법선은 이 두 방향의 외적임). 이 평면은 IK 문제를 2차원으로 단순화하는 데 사용된다.

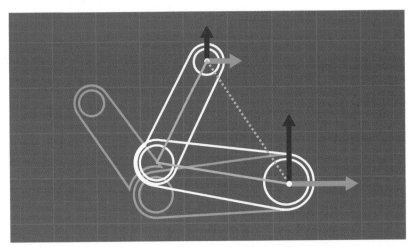

그림 7.1 2-bone IK. 뼈 길이를 알고 있기 때문에 삼각 항등식을 통해 이전 뼈 회전으로부터의 델타를 계산할 수 있다.

UE4는 역운동학을 위한 또 다른 독창적인 방법을 제공한다. 바로 FABRIK^{Forward and}
^{Backward Reaching Inverse Kinematics}(포워드 및 백워드 도달 역운동학)다. 2-bone IK 구현과
달리, FABRIK는 역운동학 체인에 존재할 수 있는 뼈의 수를 제한하지 않는다. 이를
위해 FABRIK는 약간 다른 접근법을 취한다. FABRIK는 2-bone IK와 같이 분석적으
로 계산되는 것이 아니라, 뼈의 체인을 위아래로 횡단하고 솔루션으로 수렴함으로써
반복적으로 계산돼야 한다.

FABRIK는 먼저 체인의 마지막 뼈를 최종 목표의 위치와 일치하도록 설정한다. 그런
다음 각 뼈의 길이와 각 뼈에서 이전 뼈까지의 직선을 유지하며 각 뼈를 솔루션으로
이동하면서 체인을 따라 돌아간다(그림 7.2 참조). 일단 이 루프가 맨 처음 뼈에 도달
하면, 그것은 제자리를 벗어나 움직일 것이다. 그러나 이것은 체인의 루트고 원래 위
치에서 움직여서는 안 되기 때문에 알고리즘이 다시 실행된다. 이때는 역방향으로 실
행된다(따라서 정방향 및 역방향 역운동학이다). 기본적으로 UE4에서 이 프로세스는
10회 반복되지만, 이 반복 횟수는 애니메이션 그래프의 FABRIK 노드에서 변경할 수
있다.

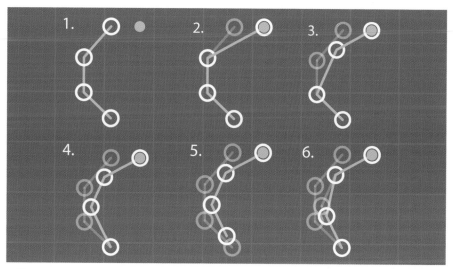

그림 7.2 FABRIK. 1: 초기 뼈 상태. 2: 가장 말단의 뼈가 목표(노란색 원) 쪽으로 이동한다. 3-5: 체인의 다음
뼈는 초기 뼈 길이를 유지하면서 이 뼈와 이전 뼈를 연결하는 선을 따라 이동한다. 6: 루트 뼈가 이동됐으므로
원래의 위치로 다시 이동하고 프로세스는 반대 방향으로 수행된다.

헤드 IK 설정하기

UE4의 IK 시스템을 테스트하기 위해 인게임$^{in-game}$ 캐릭터가 플레이어의 인월드$^{in-world}$ 머리 위치에 자신의 머리뼈를 위치시키고, 위치를 맞추기 위해 몸통을 구부리도록 허용하는 기본 헤드 IK 시스템을 생성한다. 단, 플레이어의 몸통이 추적되지 않기 때문에 플레이어가 가만히 서 있고 방을 돌아다니지 않는 경우에만 작동한다는 점을 유의한다.

시작하기 전에 초기 내용이 없는 3자 템플릿$^{Third Person Template}$을 기반으로 새 프로젝트를 만든다. 이를 통해 해당 템플릿과 함께 제공되는 플레이어 모델을 사용해 IK Blueprints를 테스트할 수 있다.

미러 생성하기

IK 시스템이 작동하는지 알아보려면, VR에서 게임하는 동안 인게임 캐릭터가 어떻게 보이는지 확인하는 것이 좋다. 이를 위해 간단한 거울 Material을 만들고 Texture를 렌더링할 수 있다.

1. Content Browser에서 Materials와 Textures라는 두 개의 새 폴더를 생성한다.
2. Textures 폴더 안에 MirrorRenderTarget이라는 새 렌더 타깃$^{Render Target}$을 추가한다(Add New ➤ Materials & Textures ➤ Render Target).
3. Size X와 Size Y를 모두 512로 설정한다(그림 7.3 참조).

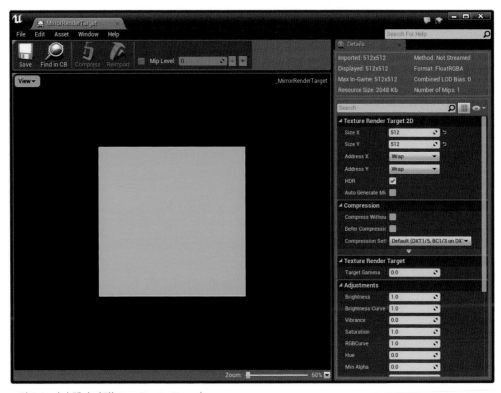

그림 7.3 미러 렌더 타깃(Mirror Render Target)

4. Materials 폴더에서 MirrorMat이라는 새로운 빈 Material을 만든다.

5. 이 Material을 열고 이것의 **Shading Model**을 **Unlit**으로 설정한다.

6. Content Browser에서 MirrorRenderTarget을 MirrorMat으로 드래그한다.

7. 새 TextureCoordinate 노드를 만들고(U 키 + 그래프 클릭) **UTiling**을 −1로 설정한다.

8. 이 TextureCoordinate를 TextureSample의 UV 입력에 전달한다(그림 7.4 참조). 이는 Mirror Texture를 뒤집어 더 거울처럼 보이게 한다.

그림 7.4 미러 Material

9. Material을 저장하고 닫는다. 메인 엔진 윈도우로 돌아간다.

10. Modes 탭의 SceneCapture2D 액터에서 탐색 및 드래그해 Location을 (X = -650.0, Y = 390.0, Z = 260.0)로, Rotation을 (Pitch = 0.0, Yaw = -180.0, Roll = 0.0)로 설정한다. 이를 통해 SceneCapture2D 액터가 플레이어 앞에 위치하게 된다.

11. SceneCapture2D의 Texture Target을 MirrorRenderTarget Texture로 설정한다. 이는 카메라가 캡처한 모든 것을 Texture에 넣을 수 있게 한다.

12. 다시 Modes 패널에서 기본 Cube를 드래그하고 Location을 (X = -640.0, Y = 390.0, Z = 260.0)로, Scale을 (X = 0.01, Y = 2.0, Z = 2.0)로 설정한다. 그림 7.5를 참조해보자.

그림 7.5 씬(Scene) 캡처 및 미러 메시

13. MirrorMat을 Cube의 Material Element 0에 적용한다.

IK Pawn

IK를 설정하기 전에 Animation Blueprint에서 참조하는 컴포넌트를 포함하는 Pawn
이 필요하다.

1. Content Browser에서 Blueprints라는 새 폴더를 생성한다.
2. Blueprints 폴더 안에 새 Animation Blueprint(Add New ➤ Animation ➤ Animation
   Blueprint)를 생성한 후, Animation Blueprint 생성 대화 상자에서 UE4_
   Mannequin_Skeleton 옵션을 선택한다(그림 7.6 참조). 여기서 나중에 사용될 모
   든 IK 로직이 유지된다.

그림 7.6 애니메이션 Blueprint 생성

3. Animation Blueprint의 이름을 IKAnimBP로 지정한다.

4. 다시 Blueprints 폴더에서 IKPawn이라는 새 Pawn을 생성한다.

5. 새로 만든 Pawn을 열고 세 개의 새 컴포넌트인 SkeletalMesh, Camera, Scene을 추가한다.

6. Scene 컴포넌트의 이름을 CameraRoot라고 지정하고 여기에 Camera를 추가한다.

7. Camera 위치를 Z축으로 170, X축으로 10만큼 설정한다(그림 7.7 참조). 이는 모니터로 테스트할 때 Camera 높이에 영향을 줄 것이다. 그러나 VR 게임이 시작될 때, Camera의 위치가 루트 컴포넌트로 재설정되므로 Camera가 VR에 적합한 위치에 있게 된다.

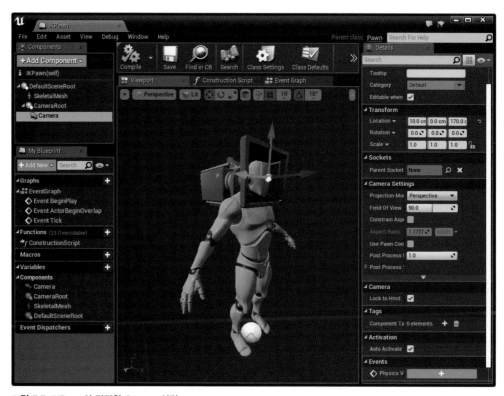

그림 7.7 IKPawn의 간단한 Camera 설정

8. SkeletalMesh를 Z축으로 -90만큼 회전시킨다. 이렇게 하면 메시가 X축을 향하게 된다.

9. SkeletalMesh의 **Skeletal Mesh** 속성을 Third Person Template의 SK_Mannequin으로 설정한다.

10. SkeletalMesh's **Anim Class**를 IKAnimBP로 설정한다.

헤드 IK 애니메이션 Blueprint

템플릿 캐릭터의 뼈대에 IK를 적용하려면 FABRIK 시스템을 사용한다. 템플릿 캐릭터의 뼈대에는 머리에서 골반까지 두 개 이상의 뼈가 있기 때문이다. 비슷한 효과를 내기 위해 2-bone IK 노드를 연결할 수 있지만 이것은 더 힘든 방법이 될 수 있다. FABRIK 노드는 헤드 IK에서 잘 작동한다.

1. IKAnimBP Animation Blueprint를 열고 Transform 유형의 `HeadWorld Transform`이라는 새 변수를 만든다.

2. HeadWorldTransform의 기본 Location 값을 Z축에서 160 단위로, 기본 Rotation 값을 Z축을 기준으로 90도로 설정한다. 이렇게 하면 미리보기 창에서 머리가 전방을 향하게 된다.

3. Event Graph의 TryGetPawnOwner 노드에서 드래그해 새로 생성된 IKPawn으로 정보를 전달한다.

4. 캐스트의 As IKPawn 파란색 출력 핀에서 드래그해 Pawn으로부터 Camera 컴포넌트를 가져온다.

5. `HeadWorldTransform` 변수에 대한 세터를 만들고 이것을 CastToIKPawn의 Cast Succeeded 핀에 연결한다.

6. Camera 컴포넌트 게터에서 드래그해 GetWorldTransform을 호출하고 HeadWorldTransform에 대한 세터에 출력을 전달한다(그림 7.8 참조). 이 예제에서는 작업하기가 더 쉬운 월드 공간 변환을 사용하고 있다.

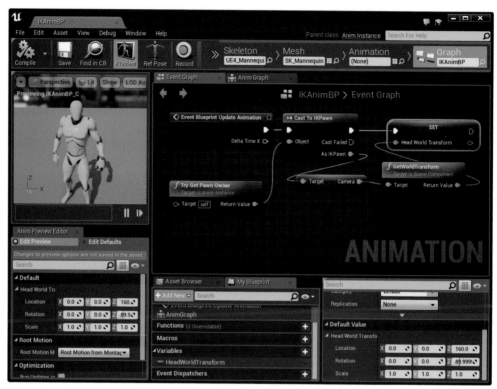

그림 7.8 애니메이션 Blueprint: 헤드 변환 설정

7. Anim Graph로 가서 새 PlayThirdPersonIdle 노드를 만든다.

8. 새로운 FABRIK 노드를 생성하고 `HeadWorldTransform` 변수를 Effector Transform 입력 핀에 연결한다.

9. FABRIK 노드를 선택하고 **Effector Transform Space**를 World Space로 설정한다. 이는 사용 중인 Camera 변환이 월드 공간에 있기 때문이다.

10. **Tip Bone**을 'head'로 설정하고 **Root Bone**을 'spine_01'로 설정한다(그림 7.9 참조). FABRIK 노드는 방금 선택한 두 Bone 사이의 모든 뼈대에서 IK를 처리한다.

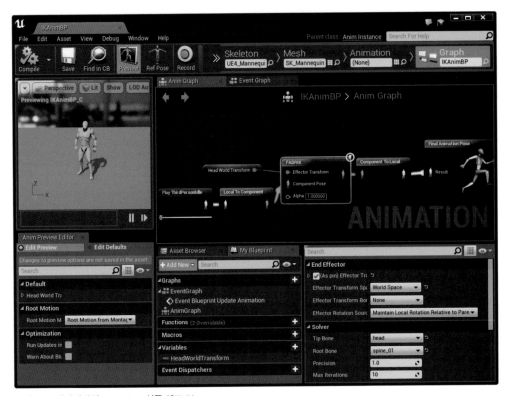

그림 7.9 애니메이션 Blueprint: 심플 헤드 IK

11. PlayThirdPersonIdle 애니메이션의 출력을 FABRIK 노드의 입력으로 드래그한다. 그러면 UE4가 자동으로 로컬에서 컴포넌트 공간으로 변환된다.

12. FABRIK 노드의 출력에서 FinalAnimationPose 노드의 입력으로 드래그한다. 다시 말하지만, UE4는 자동으로 좌표를 변환해준다. 이 단계가 끝나면 IK가 작동할 것이다. 그러나 헤드셋의 회전을 고려하지는 않는다.

13. 머리 회전이 추가되기 전에 퀵 노트가 추가된다. 그림 7.10에서 머리뼈의 전방 축(빨간색)이 위를 향하고 있음을 알 수 있다. 즉, 이 뼈의 회전을 설정할 때 이를 고려해야 한다. Anim Graph에 새로운 Transform (Modify) Bone 노드를 만든다.

그림 7.10 UE4 기본 뼈대 머리 회전

14. 변환 노드의 Bone to Modify 속성을 'head'로 설정한다.

15. Rotation Mode를 Replace Existing으로 설정하고 Rotation Space를 World Space 로 설정한다(그림 7.11 참조).

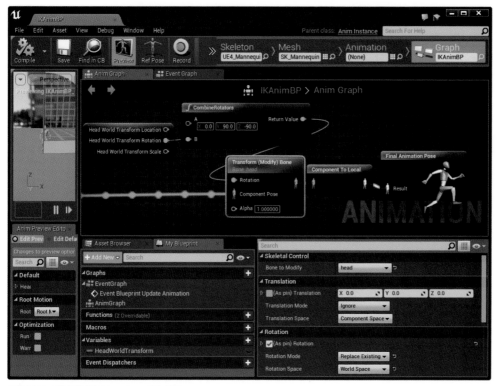

그림 7.11 애니메이션 Blueprint: 머리 회전

16. 첫 번째 입력 핀에서 값(Pitch = 90.0, Yaw = -90.0, Roll = 0.0)을 전달해 초기 뼈bone 회전을 설명하는 새로운 CombineRotators 노드를 생성한다.

17. HeadWorldTransform 변수에 대한 게터를 생성하고 출력 핀을 분할해 그 변수 의 회전을 CombineRotators에 전달한다. 그런 다음 두 번째 인수로 파란색 Rotation 핀을 전달한다(그림 7.11 참조).

18. CombineRotators의 출력을 Transform (Modify) Bone의 Rotation 핀에 연 결한다.

19. Transform (Modify) Bone을 FABRIK와 ComponentToLocal 노드 사이에 연결한다.

이제 Pawn 및 애니메이션 Blueprint가 완료됐으므로 Third Person Example Map 에 있는 기본 Pawn을 삭제하고 사용자 정의 IKPawn에서 드래그해 IK를 테스트한다. 그런 다음 **Auto Possess Player**를 **Player 0**으로 설정하고(이렇게 하면 게임 모드를 설정 하지 않고도 현재 레벨에서 이 Pawn을 사용할 수 있다.) **Play**를 히트한다. Oculus Rift를 사용하는 경우 트래킹은 Eye Level로 기본 설정되므로 추적 레벨 원점을 Floor로 설 정해야 할 수도 있다(2장, '헤드 마운트 디스플레이 설정하기' 참조).

핸드 IK 설정하기

이전 절에서 Pawn과 IK를 테스트해본 결과, 헤드 IK가 상당히 잘 작동하지만 모션 컨트롤러가 있는 경우 손을 움직이고 싶은 마음이 드는 것은 어쩔 수 없다.

모션 컨트롤러가 UE4 마네킹의 손을 제어하도록 설정하려면 UE4의 간단한 2-bone IK 시스템을 사용한다. FABRIK 및 2-bone 시스템 모두를 경험해보는 것이 좋고, 플 레이어의 손과 어깨 사이의 IK가 2-bone 시스템과 잘 작동하기 때문이다.

이전 절에서부터 이어서 할 것이므로 아직 완성하지 않았다면 다음 작업을 시작하기 전에 이전 작업을 마무리하는 것이 좋겠다.

Pawn에 모션 컨트롤러 추가하기

Pawn에 IK를 설정하기 전에 플레이어의 손을 추적하는 데 사용할 Motion Controller 컴포넌트를 추가해야 한다.

1. Blueprints 폴더에서 IKPawn을 연다.
2. MotionController_L과 MotionController_R이라는 두 개의 새로운 Motion Controller 컴포넌트를 추가한다.
3. MotionController_R의 경우, **Hand** 변수를 **Right**로 설정한다.
4. 컨트롤러를 나타내는 두 개의 새로운 Static Mesh 컴포넌트를 생성한다. 주로 디버깅을 위한 것이다.

5. 언리얼 엔진 4.13이나 그보다 높은 버전을 사용하는 경우 엔진에 내장된 모
   션 컨트롤러 메시에 액세스할 수 있다(View 옵션에서 Show Engine Content만 선
   택하면 된다). 이 경우 새로 생성한 두 가지 컴포넌트에 대해 디바이스에 적합
   한 Static Mesh 속성을 선택한다(예를 들어, Oculus Touch를 사용하고 있다면
   OculusControllerMesh Static Mesh를 선택한다). 4.13보다 낮은 버전을 사용하는 경
   우 컨트롤러를 나타내는 구를 선택하거나 외부 소스에서 컨트롤러 메시를 가
   져온다.

6. 이 메시의 이름을 컨트롤러에 적합한 이름으로 지정하고(이 경우 Touch_L 및
   Touch_R을 선택) 적절한 Motion Controller 컴포넌트에 붙인다. 필요할 경우
   오른쪽 메시에서 Y 스케일을 반전시킨다(그림 7.12 참조).

그림 7.12 IKPawn에 모션 컨트롤러 추가하기

핸드 IK 애니메이션 Blueprint

IKAnimBP 클래스에는 이미 머리와 척추 IK를 위한 FABRIK 시스템이 구현돼 있으므로, 이제 스켈레톤의 양쪽 팔을 위한 2-bone IK 시스템을 구현할 차례다.

1. IKAnimBP Animation Blueprint를 열고 Vector 및 Rotator 유형의 두 가지 새로운 변수인 LeftHand-WorldPosition과 LeftHandWorldRotation을 각각 생성한다. LeftHandWorldPosition의 기본값은 (X = 40, Y = 20, Z = 100)로 설정한다. 이렇게 하면 메시는 적절한 프리뷰 포즈를 갖게 된다.

2. Vector 및 Rotator 형식의 RightHandWorldPosition과 RightHandWorldRotation이라는 이름의 변수 두 개를 생성한다. RightHandWorldPosition의 경우 기본값 (X = −40, Y = 20, Z = 100)를 설정한다(그림 7.13 참조). 이렇게 하면 두 모션 컨트롤러의 월드 좌표와 회전을 유지할 수 있다.

그림 7.13 IKAnimBP: 핸드 IK 변수 추가하기

3. IK 설정을 추가하기 전에 두 개의 Socket을 스켈레톤에 추가한다. 이렇게 하는 이유는 모션 컨트롤러의 원점이 핸드 뼈 위치와 일치하지 않기 때문이다. 즉, IK를 사용해 모션 컨트롤러 위치로 이동할 때는 오프셋을 고려해야 한다.

4. Persona 내의 **Skeleton** 탭을 클릭해 Skeleton editor를 연다.

5. 계층 구조에서 hand_l 뼈를 마우스 오른쪽 버튼으로 클릭하고 **Add Socket**을 선택한다. 이 hand_lSocket이란 Socket은 나중에 레퍼런스해야 하므로 이름을 설정해두자.

6. 새로 생성된 Socket은 처음에는 부모 뼈와 동일한 위치에 있다. 이를 변경하려면 **Details** 패널을 선택하고 **Relative Location**을 (X = 13.0, Y = -6.0, Z = -3.5)로 변경한다. 이렇게 하면 Socket이 Skeleton의 손바닥에 위치하게 된다.

7. 새로 생성한 Socket을 선택한 상태에서 **Relative Rotation**을 X축에서 180도로 설정한다.

8. 언리얼 엔진 4.13 이상을 사용하거나 원하는 모션 컨트롤러의 컨트롤러 메시에 액세스할 수 있는 경우, 이 Socket의 위치를 테스트하려면 마우스 오른쪽 단추로 Socket을 클릭하고 컨트롤러의 Preview Asset을 추가한다(그림 7.14 참조).

그림 7.14 IKAnimBP: 핸드 뼈 컨트롤러 배치를 보완하기 위한 오프셋 Socket 추가하기

9. 양 손 모두에 Socket이 있는지 확실히 하기 위해 단계 5에서 단계 8까지 반복하는데, 이번에는 hand_r 뼈의 **Related Location**을 (X = -13.0, Y = 6.0, Z = 3.5)로 설정하고 Z축에서 180도로 설정한다.

10. 새로 생성된 Socket을 활용하려면 Animation Blueprint로 돌아간다.

11. 왼손 및 오른손의 위치와 회전에 대해 각각 변수 세터를 생성한다.

12. CastToIKPawn 노드에서 드래그해 MotionController_L, MotionController_R, SkeletalMesh 컴포넌트에 대한 레퍼런스를 가져온다.

13. MotionController_L 컴포넌트 레퍼런스에서 드래그해 GetWorldRotation을 호출하고 LeftHandWorldRotation 세터로 직접 전달한다.

14. LeftHandWorldPosition의 경우 Socket 위치와 실제 뼈 위치 간의 차이를 계산하기 위한 약간의 벡터 연산이 필요하다. SkeletalMesh 레퍼런스에서 드래그하고 GetSocketLocation을 두 번 호출한다.

15. 첫 번째 GetSocketLocation은 In Socket Name 매개변수인 hand_ISocket으로 전달하고 두 번째는 hand_l로 전달한다(그림 7.15 참조). 이렇게 하면 핸드 뼈와 핸드 Socket의 월드 좌표를 얻을 수 있다.

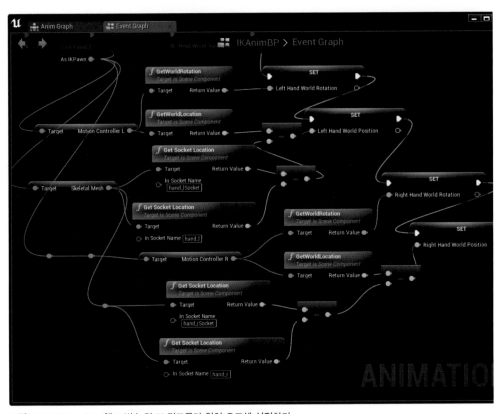

그림 7.15 IKAnimBP: 핸드 변수 및 IK 컨트롤러 위치 오프셋 설정하기

16. Socket의 GetSocketLocation에서 드래그하고 핸드 뼈의 위치를 뺀다. 이렇게 하면 월드 공간에서 핸드로부터 Socket까지의 상대 거리를 알 수 있다.

17. MotionController_L 레퍼런스에서 드래그하고 GetWorldLocation을 호출한 후 이 월드 좌표에서 단계 16에서 계산된 상대 거리를 뺀다.

18. 이 Subtract 노드의 출력을 LeftHandWorldPosition 세터에 연결한다.

19. MotionController_R 레퍼런스와 hand_rSocket 및 hand_r 뼈에 대해 단계 13에서 단계 18을 반복한다. 그림 7.15를 참조한다.

20. 이 세터를 이미 그래프에 있는 HeadWorldTransform 세터에 연결한다.

2-bone IK 노드를 구현하려면 Anim Graph로 가야 한다.

1. Anim Graph에서 일단 새로운 TwoBoneIK 노드를 생성한다.

2. `LeftHandWorldPosition` 변수에 대한 게터를 생성하고 이를 2-bone IK의 Effector Location에 연결한다.

3. Joint Target Location에 (X = 45, Y = -50, Z = 100)를 입력한다. 이는 IK가 회전하는 컴포넌트 공간의 한 점이다. 시행착오를 통해 얻은 값이므로, 사용자의 필요에 맞게 변경하면 된다.

4. TwoBoneIK를 선택하고 IKBone을 hand_l로 변경한 후 Effector Location Space를 World Space로 변경한다(그림 7.16 참조).

그림 7.16 IKAnimBP: 왼손의 2-bone IK

5. 새로운 Transform (Modify) Bone 노드를 생성하고, Bone to Modify 속성을
   hand_l로, Rotation Mode를 Replace Existing으로, Rotation Space를 World Space
   로 설정한다. IK는 핸드를 회전시키는 것과 관련된 기능을 처리하지 않기 때문
   에 이런 추가 과정이 필요하다.

6. LeftHandWorldRotation에 대한 새로운 변수 게터를 생성하고 이를
   CombineRotators 노드의 B 입력에 연결한다.

7. 이 CombineRotators 노드에 있는 A 입력의 X 값에 180도를 전달한다(그림
   7.16 참조). 이 값은 '헤드 IK 설정하기' 절에서와 같이 스켈레톤의 초기 뼈 회
   전에서 얻을 수 있다.

8. CombineRotators의 출력을 Transform (Modify) Bone의 Rotation 입력에 연결한다.

9. 단계 2에서 단계 8을 반복하는데, LeftHandWorldRotation과 Position의 Joint Target Location에 오른손에 적합한 (X = -45, Y = -50, Z = 100)를 입력하고 CombinationRotators의 Z를 180도로 변경한다(그림 7.17 참조).

그림 7.17 IKAnimBP: 오른손의 2-bone IK

10. 이 새로운 IK 노드를 Head IK의 Transform (Modify) Bone과 컴포넌트 사이에서 로컬 변환으로 연결하면 VR로 재생할 수 있고 전체 IK의 상체를 볼 수 있다(그림 7.18 참조).

그림 7.18 Upper-body IK 예제

요약

7장에서는 언리얼 엔진에서 VR용 IK 작업을 시작하는 간단한 방법을 알아봤다. 기본적으로 제공되는 두 가지 유형의 IK를 살펴보고 플레이어의 상체 움직임을 게임 속 캐릭터로 복제할 수 있는 간단한 헤드 IK와 핸드 IK 시스템을 만들었다.

연습 문제

IK가 무엇을 할 수 있는지 경험해봤으니, 7장에서 제공하는 값을 변경해보고 자신이 만들고자 하는 내용에 맞게 조정해보자.

좀 더 도전해보고 싶다면, full-body IK 설정에 대해 깊이 알아보자. 가장 큰 도전 과제는 플레이어가 단순히 몸을 숙이는 것이 아니라 자신의 다리를 구부릴 때 경험적으로 발견하는 방법을 찾는 것이다.

비록 도전하고 싶은 마음은 적지만 full-body IK 솔버solver가 필요한 경우라면, UE4 full-body IK 설정을 제공하는 미들웨어 회사의 제품(IKinema 또는 커뮤니티 Full Body IK Plugin과 같은)을 사용할 수도 있다.

모션 컨트롤러 인터랙션

8장에서는 모션 컨트롤러를 사용해 가상 공간의 게임 오브젝트와 인터랙션하는 모듈 방식을 설명한다. 물체를 집어 들어 던지거나, 레버를 당겨 문을 열거나, 게임 내 이벤트를 유발하는 버튼을 누르는 등의 인터랙션을 위해 쉽게 확장할 수 있는 시스템을 어떻게 생성하는지 알아보자.

강렬한 VR 효과를 줄 수 있는 헤드셋만으로도 놀라운 현실감을 느낄 수 있지만 입력 디바이스가 없다면 '만질 수는 없고 볼 수만 있는' 주문이 걸린 세계에 들어선 것처럼 느껴질 것이다.

다행히도 이런 문제들을 대부분은 모션 컨트롤러로 해결할 수 있다. 하지만 플레이어가 자유를 얻은 대신에 구현은 더 어려워진다. 그러나 적절한 시스템을 갖춘다면 놀라울 정도로 매력적인 경험을 만들어낼 수 있다.

모션 컨트롤러 인터랙션이 중요한 이유 ▮▮▮▮▮▮▮

현대 1인칭 게임이 시작된 이래로 게임 산업은 특정 게임패드 이벤트를 게임 속 캐릭터에 매핑하는 입력 패러다임을 주로 사용해왔다. 게임에서 듀얼 아날로그 스틱은 수년 동안 1인칭 인터랙션의 필수 요소였으며, 실제 플레이어 행동을 게임 속 캐릭터로 전환하는 데 훌륭하게 그 역할을 해왔다.

대부분의 경우 플레이어의 시야는 오른쪽 아날로그 스틱에, 플레이어의 다리는 왼쪽 아날로그 스틱에, 플레이어의 손 동작은 게임패드의 버튼에 직접 매핑된다.

그러나 VR에는 더 이상 이 패러다임을 적용할 수 없다. 사용자의 실제 머리 동작으로 캐릭터의 시야를 제어하므로 오른쪽 아날로그 스틱은 불필요해진다. 플레이어는 이제 대부분의 경우에 아날로그 스틱으로 움직임을 제어하지 않으므로 아날로그 스틱은 오히려 불편함을 유발할 수 있다(이에 대한 자세한 내용은 9장, 'VR 로코모션' 참조). 마지막으로, 많은 VR 하드웨어 업체들이 제공하는 정밀한 모션 컨트롤러 트래킹을 통해 플레이어의 손을 신체 움직임으로 대신할 수 있게 됐고 게임상의 오브젝트와 신체를 통해 인터랙션할 수 있으므로 게임패드의 전면 버튼을 사용하는 추상적인 인터랙션 시스템의 필요성이 없어졌다.

주의해야 할 것: 행동 유도성의 중요성

게임에서 플레이어의 기대치를 충족시키지 못하는 것은 거의 대부분 결코 좋은 일이 아니며, VR 경험의 경우에는 완전한 몰입에 방해가 될 수 있다. 플레이어가 서랍을 열기 위해 손을 뻗었지만 실제로는 고정된 물건이라는 것을 알게 되면 실망하게 될 것이다. VR의 엄청난 몰입은 플레이어가 주변 물건의 존재를 실제 세계에 존재하는 것처럼 느껴지게 한다. 좋은 경험을 위해 우리는 이러한 인식을 방해하지 않도록 노력해야 한다.

행동 유도성affordance은 오브젝트의 사용을 제안하는 오브젝트의 속성으로 설명할 수 있다. 예를 들어 VR 경험에서 문을 디자인하고 그 문에 손잡이를 준 경우, 문을 열 수 있음을 플레이어에게 알리는 것이다. 이러한 기대를 가로막는 것은 몰입을 방해할 수 있으며 VR 경험을 설계할 때 고려해야 할 사항이다.

현재 세대의 공유 입력 모션 컨트롤러

모션 컨트롤러 인터랙션을 생성할 때는 사용 가능한 입력을 최대한 활용할 수 있도록 대상 플랫폼을 고려해야 한다. 각각의 모션 컨트롤러는 조금씩 다른 기능과 베스트 프랙티스들을 제공하고 있다. 그러나 운이 좋게도 주요 개인용 VR 업체인 HTC/Valve, Oculus, PlayStation과 같은 3대 업체는 플랫폼 간 호환성을 보장할 수 있는 몇 가지 공통 입력 패러다임을 보여준다.

세 개의 모든 컨트롤러는 일종의 아날로그 입력을 허용하는 트리거 하나를 공통으로 두고 있다(그림 8.1 참조). 이 트리거는 게임에서 오브젝트를 활성화하거나 무기를 발사하는 데 유용하다. 또한 Touch와 Vive 컨트롤러는 전용 픽업 버튼으로 유용할 수 있는 그립 버튼을 제공한다.

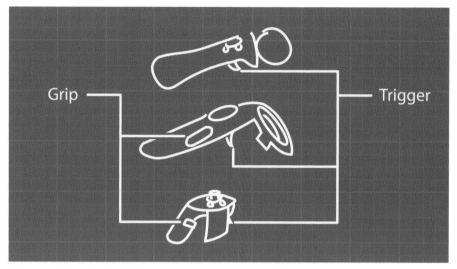

그림 8.1 현재 VR 컨트롤러의 공통 기능(맨 위: PlayStation Move, 중간: Vive, 맨 아래: Oculus Touch)

이외에도 자주 볼 수 있는 모션 컨트롤러들이 더 있다(예: Google Daydream 컨트롤러).
8장에서는 Vive 및 Oculus Touch로 작동하는 시스템을 만드는 데 중점을 둔다.

그러나 UE4가 개발자에게 제공하는 추상화 계층 덕분에(이 모든 컨트롤러는 동일한
Motion Controller 컴포넌트를 사용함) 8장의 기술을 모든 장치에 쉽게 적용할 수 있다.

월드 인터랙션 프로젝트 설정하기

프로젝트를 설정하려면 몇 가지 오브젝트가 필요하다.

1. 시작 콘텐츠가 없는 새로운 Blueprint 프로젝트를 생성한다.
2. Blueprints라는 새 폴더를 생성하고 이 폴더 안에 Interfaces, Interactive
   Objects, Components라는 세 개의 폴더를 추가로 생성한다.
3. Components 폴더에서 **Add New ＞ Blueprint Class ＞ Scene Component**를 클
   릭해 WorldInteractor라는 새로운 Scene 컴포넌트를 생성한다.
4. Blueprints 폴더 안에 InteractionPawn이라는 새로운 Pawn Blueprint를 생
   성한다.

5. 새로 생성된 Pawn을 열고 CameraRoot라는 새 Scene 컴포넌트를 추가한다.

6. Camera 컴포넌트를 생성하고 새로 생성된 CameraRoot에 연결한다.

7. MotionController 컴포넌트를 생성하고 설정은 기본값으로 둔다.

8. Sphere 컴포넌트를 생성하고 이를 MotionController 컴포넌트에 연결한다.

9. Sphere의 크기를 (X = 0.1, Y = 0.1, Z = 0.1)로 맞춘다. 이것은 컨트롤러의 시각적 표현을 나타낸다.

10. Sphere를 선택하고 Collision Preset을 OverlapAllDynamic으로 변경한다(그림 8.2 참조). 이렇게 하면 Sphere가 사용자가 선택하는 오브젝트를 간섭하지 않는다.

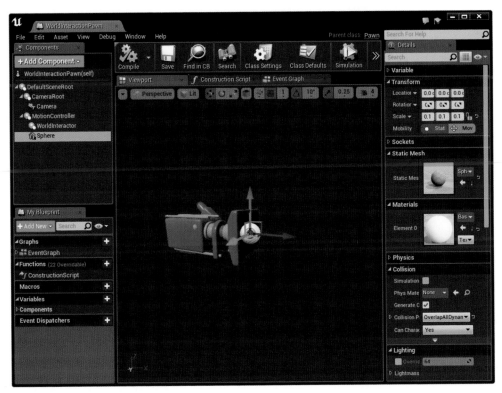

그림 8.2 월드 인터랙션 Pawn 컴포넌트

11. 새로운 WorldInteractor 컴포넌트를 생성해 MotionController 컴포넌트에 연결한다.

> **노트**
>
> MotionController 컴포넌트는 기본적으로 왼손 컨트롤러다. 컴포넌트가 나타내는 손을 변경하려면 세부
> 정보 패널에서 Motion Controller 탭 아래의 Hand 설정을 변경한다.

오브젝트와 인터랙션하기

오브젝트와 인터랙션하기 위해서는 두 가지가 필요하다. 하나는 오브젝트와 인터랙션할 수 있는 인터페이스(4장, '트레이스 인터랙션' 참조)고, 다른 하나는 해당 인터랙션을 감지하고 관리하는 컴포넌트다.

월드 인터랙션 인터페이스 생성하기

인터페이스를 사용하면 오브젝트가 무엇인지 몰라도(또는 신경 쓰지 않고) 필요한 기능이 구현된 오브젝트와 커뮤니케이션할 수 있다(4장 참조). 눌렀을 때 버튼의 색이 바뀌어야 한다거나 특정 서랍을 한 축으로만 열 수 있어야 하는 것에 대해 인터랙터가 신경 쓸 필요가 없기 때문에 인터랙션 시스템을 구축하는 데 가장 적합하다. 인터랙터는 무엇을 인터랙션할 수 있는지 알고 적절한 오브젝트의 인터랙션을 트리거하는 방식이 돼야 한다.

1. Interfaces 폴더에서 **Add New ➤ Blueprint ➤ Blueprint Interface**를 선택해 새로운 Blueprint 인터페이스를 생성한다. 새로 만든 인터페이스의 이름을 TraceInteractionInterface로 지정한다.

2. 각 함수에는 WorldInteractor 유형의 Interactor라는 하나의 입력과 Return 이라는 이름을 가진 Boolean 유형의 출력이 하나 있다. 이 Return 값을 사용하지 않지만, 이를 통해 모든 함수가 구현 오브젝트의 동일한 섹션에 있게 한다.

3. **OnHover** 및 **OnUnhover** 함수를 생성하고 단계 2에서와 같이 입력 및 출력을 설정한다. 플레이어가 인터랙티브 오브젝트를 가리킬 때마다 트리거된다(그림 8.3 참조).

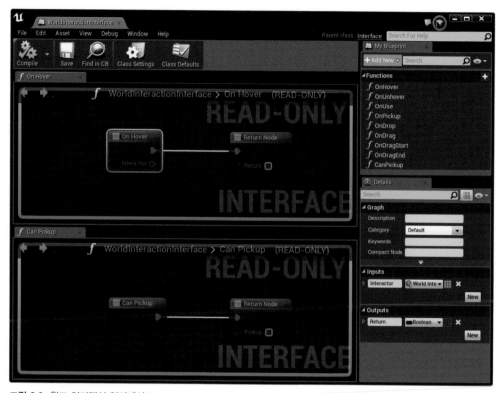

그림 8.3 월드 인터랙션 인터페이스

4. 같은 입력과 출력으로 OnUse 함수를 생성한다. 이것은 플레이어가 호버된 오 브젝트를 사용할 때 호출된다.

5. OnPickup과 OnDrop이라는 두 가지 함수를 만들어 같은 입력과 출력을 가진 오 브젝트를 가져올 시기를 탐지한다.

6. OnDrag, OnDragStart, OnDragEnd라는 세 가지 함수를 만들면 플레이어가 오브 젝트를 활성화한 후, 이를 활성화한 상태에서 컨트롤러를 움직일 때 이를 감 지할 수 있다. 입력과 출력을 나머지와 동일하게 설정한다.

7. CanPickup 함수를 생성한다. 그러나 이 함수에는 Pickup이라는 입력 변수와 단일 Boolean 출력 변수가 없다(그림 8.3 참조).

인터랙터 컴포넌트 생성하기

오브젝트와 인터랙션하려면 월드 어디에서 인터랙션할 오브젝트를 찾아내 인터랙티브 인터페이스의 어떤 함수를 호출할 것인지 결정하는 논리가 필요하다. 모듈 방식으로 이를 수행하려면 '월드 인터랙션 프로젝트 설정하기' 절에서 생성된 Blueprint Scene 컴포넌트를 사용할 수 있다.

오브젝트 오버랩 감지하기

먼저 인터랙터가 필요로 하는 변수를 생성해 호버된 오브젝트를 기억하고 기본 구형 오버랩을 설정해 인터랙터 주변의 오브젝트를 탐지한다.

1. Components 폴더에서 WorldInteractor를 연다.
2. Radius라는 새로운 Float 변수를 만들고 기본값을 10으로 설정한다. 이는 인터랙티브 오브젝트를 확인하기 위해 인터랙터가 만드는 영역의 반경이다. 기본값을 설정할 수 없으면 Blueprint를 컴파일해야 한다.
3. HoveredObject라는 새 액터 참조 변수를 만든다. 이것은 현재 호버된 오브젝트에 대한 참조다.
4. PickedUpObject라는 다른 액터 참조 변수를 만든다. 이것은 현재 픽업된 오브젝트다.
5. Dragging이라는 새 Boolean 변수를 만든다. 인터랙터는 이것을 사용해 오브젝트를 드래그하는 시점을 알 수 있다(그림 8.4 참조).

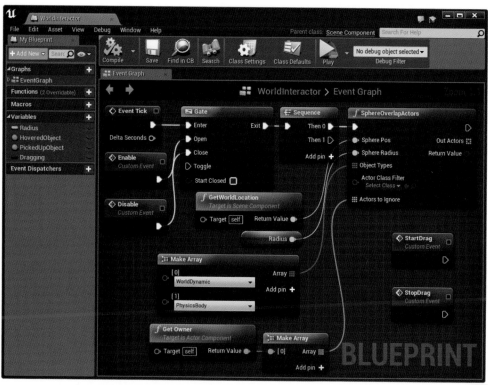

그림 8.4 월드 인터랙터 컴포넌트: 기본 구체 오버랩

6. EventTick 노드에서 드래그해 새 Gate 노드를 추가하고 컴포넌트가 기본적으로 활성화되길 원하기 때문에 Start Close 입력 핀을 선택 취소한다.

7. 다음으로 두 개의 새 커스텀 이벤트 노드를 추가한다. 첫 번째는 **Enable**, 두 번째는 **Disable**로 설정한다.

8. Enable 이벤트를 Gate 노드의 Open 핀에 연결하고 Disable 이벤트를 Close 핀에 연결한다. 이렇게 하면 인터랙터가 필요할 때마다 활성화하거나 비활성화할 수 있다.

9. Gate Exit가 완료되면 Sequence 노드를 추가한다. 매 틱마다 두 가지 작업을 수행해야 하므로 코드를 더 깔끔하게 만들 수 있기 때문이다.

10. Sequence 노드의 첫 번째 핀에 연결돼 새로운 SphereOverlapActors 노드를 생성한다(그림 8.4 참조). 이렇게 하면 주어진 반경 내에서 인터랙션하려는 오브젝트를 감지할 수 있다.

11. GetWorldLocation 노드를 Sphere Pos 입력 핀에 연결한다.

12. Radius 변수에 대한 새로운 게터를 Sphere Radius 입력 핀에 연결한다.

13. Object Types 입력 핀에 연결하고, WorldDynamic 및 PhysicsBody 핀을 추가해 새로운 EObjectTypeQuery 열거형 배열을 만든다. 인터랙션할 다른 유형의 오브젝트를 감지하려는 경우 여기에서 추가할 수 있다.

14. 새 GetOwner 노드를 첫 번째 입력 핀으로 연결하고 이 배열의 출력을 구체 오버랩의 Actors to Ignore 핀에 연결해 새 액터 배열을 생성한다.

15. StartDrag와 StopDrag라는 두 개의 새로운 커스텀 이벤트를 생성한다(그림 8.4 참조). 나중에 드래그를 제어하기 위해 사용할 것이다.

구체 오버랩의 다른 방법

사용자가 어떤 오브젝트를 선택하려고 하는지 결정할 때 사용자의 의도를 파악할 수 있는 여러 방법이 있다.

플레이어가 다양한 경우에서 오브젝트를 집어 올릴 수 있을 때 이를 감지하기 위해서는 시각적 피드백(오브젝트 하이라이트) 또는 물리적 피드백(햅틱 펄스)이 있는 구체 오버랩만 있으면 된다. 그러나 그러지 못했거나, 옵션이 아니었어도 많은 대안이 있다.

에픽 게임즈의 Bullet Train이 구현하는 특정 기능 중 하나는 컨트롤러의 방향과 컨트롤러에서 헤드셋의 방향 사이에 있는 벡터로 컨트롤러에서 바깥쪽으로 캐스팅된 모양을 만드는 것이다. 이렇게 하면 확장성과 플레이어가 픽업할 대상을 선택하는 데 도움이 된다.

그러나 이러한 유형의 디자인 선택에서 모든 것을 만족하는 방법은 없다. 게임 디자인의 대부분 측면에서와 마찬가지로, 어떤 인터랙션 시스템이 자신의 경험에 가장 잘 맞는지 테스트해야 한다.

호버 인터페이스 메시지 호출하기

다음으로, 구체 오버랩에서 호버된 액터를 가져와서 호버 로직이 적용된 오브젝트를 찾는다. 이 예제에서는 배열의 첫 번째 요소만 사용한다. 그러나 그 배열 내에서 가장 가까운 오브젝트를 찾는 것과 같은 다른 기술도 사용될 수 있다.

1. SphereOverlapActors 노드의 출력으로 이동해 Out Actors 배열 핀에서 드래그하고 Get 노드를 사용해 0번째 요소를 가져온다.

2. HoveredObject 변수에 대해 새 게터를 만들고 NotEqual 함수를 호출해 Get 노드의 출력을 두 번째 입력 핀으로 전달한다. 이를 통해 컴포넌트가 새 오브젝트 위에 놓여 있는지 여부를 확인할 수 있다.

3. SphereOverlapActors 노드 다음에 새 Branch 노드를 만들고 이를 오버랩의 출력 실행 핀에 연결한 후 NotEqual 노드의 출력을 분기의 Condition 핀에 연결한다.

4. 새로운 HoverObject 변수 게터에서 OnHover 인터페이스 메시지를 호출하고 해당 입력 실행 핀을 Branch의 True 출력 핀에 연결한다. 이렇게 하면 새 컴포넌트를 가리키기 전에 이전 컴포넌트가 제거된다.

5. OnUnhover 노드에서 드래그해 StopDrag 커스텀 이벤트를 호출한다. 이렇게 하면 사용자가 너무 멀리 당길 경우 오브젝트 드래그가 중지된다.

6. StopDrag 이벤트 호출 후 HoveredObject 변수에 대한 새 세터를 만들고 해당 입력 핀을 SphereOverlapActors 노드에서 배열 게터의 출력으로 설정한다 (그림 8.5 참조).

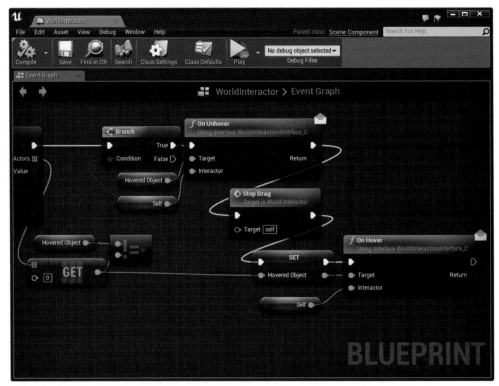

그림 8.5 월드 인터랙터 컴포넌트: 겹쳐진 오브젝트 호버

7. HoveredObject 노드의 파란색 출력 핀에 대한 세터에서 드래그해 OnHover 인터페이스 메시지를 호출하고 자체 참조 노드를 Interactor 입력 핀에 추가한다(그림 8.5 참조).

호버 오브젝트 드래그 구현하기

다음 단계로 첫 번째 단계에서 만든 드래그 이벤트를 호버 오브젝트로 전달한다.

1. Sequence 노드의 비어있는 핀 뒤에 다른 Gate 노드를 추가하고 Enter 노드에 연결한다. 이렇게 하면 필요할 때 드래그를 활성화하거나 비활성화할 수 있다.

2. StartDrag 이벤트에서 드래그해 Dragging 변수를 설정하는 세터를 생성한 후 True로 설정한다.

3. `HoveredObject` 변수에 대한 게터를 생성한다.

4. HoveredObject 게터에서 드래그해 OnDragStart 인터페이스 메시지를 호출 하고 설정 노드의 출력 실행 핀을 OnDragStart 노드의 입력 실행 핀에 연결 한다(그림 8.6 참조).

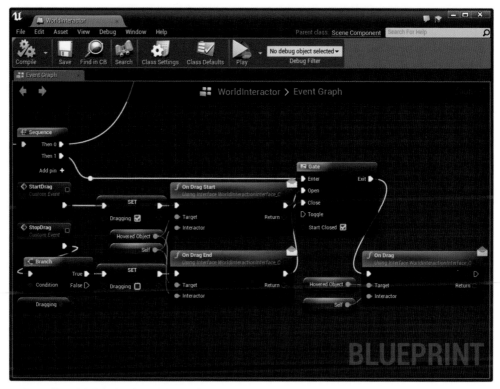

그림 8.6 월드 인터랙터 컴포넌트: 드래그 이벤트 다루기

5. OnDragStart 메시지의 끝을 게이트 노드의 Open 핀에 연결한다.

6. StopDrag 커스텀 이벤트의 실행 핀에서 드래그해 새 Branch 노드를 생성한 다. Condition 입력 핀은 새로운 Dragging 변수 게터에 연결한다. 이것은 컴포 넌트가 이미 드래그 중인 경우에만 드래그를 중지할 수 있게 한다.

7. Branch 노드의 True 핀이 `Dragging` 변수에 대한 새로운 세터를 만들고 이를 `False`로 설정한다.

8. 세터 노드는 단계 3에서 `HoveredObject` 변수 게터의 `OnDragEnd` 메시지를 호출한다.

9. OnDragEnd의 출력 실행 핀을 Gate의 Close 핀에 연결한다.

10. 게이트의 Exit 핀 다음에 새로운 `HoveredObject` 변수 게터에서 `OnDrag` 인터 페이스 메시지를 호출해 Interactor 입력 핀에 대한 새로운 자체 참조를 전달한다(그림 8.6 참조).

오브젝트 집어 들기와 떨어뜨리기

물리적 또는 기타 가능한 기능의 대응은 인터랙티브한 각 오브젝트에 맡기기 때문에 이 예제에서 오브젝트를 집어 들거나 떨어뜨리는 것은 간단하다.

1. 두 개의 새로운 커스텀 이벤트 노드를 만들고 각각 Pickup 및 Drop으로 이름을 지정한다. 인터랙터의 소유자는 이러한 이벤트를 호출해 현재 호버 오브젝트를 선택하도록 한다.

2. Pickup 이벤트의 출력에서 드래그해 입력 오브젝트 핀이 새 `HoveredObject` 변수 게터에 연결된 IsValid 노드를 추가한다. 이렇게 하면 인터랙터가 실제 픽업할 수 있는 호버 오브젝트가 있는지 확인할 수 있다.

3. `HoveredObject` 변수 게터에서 다시 드래그해 CanPickup 인터페이스 메시지에 대한 호출에 추가하고 이 함수의 입력 실행 핀을 유효성 검사의 IsValid 출력 핀에 연결한다.

4. CanPickup 메시지가 새로운 분기 노드를 추가한 후 조건 입력 핀을 픽업 출력 핀에 연결한다.

5. Branch 노드의 True 출력 핀에 연결해 `PickedUpObject` 변수에 대한 새로운 변수 세터를 생성한다. 이 세터의 입력을 위해 새로운 HoveredObject 게터를 붙인다(그림 8.7 참조).

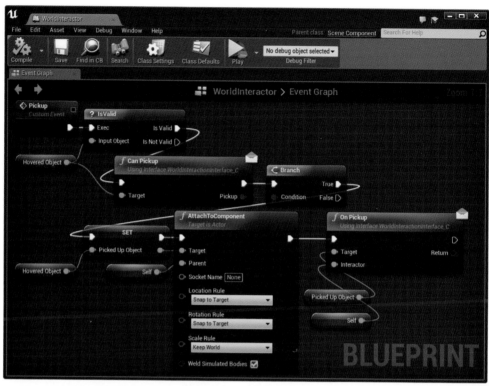

그림 8.7 월드 인터랙터 컴포넌트: 오브젝트 집어 들기

6. PickedUpObject 세터의 파란색 출력 핀에서 드래그해 새 AttachToComponent 노드에 추가한다.

7. 새로운 Self 참조 게터를 생성하고 이를 Parent 입력 핀에 연결한다.

8. Location Rule 및 Rotation Rule 입력에 대해 모두 Snap to Target으로 설정한다. 스냅을 활성화/비활성화하는 기능을 추가하려는 경우 이러한 규칙을 변경할 수 있다.

9. 선택된 오브젝트의 크기가 Pawn 또는 Interactor의 영향을 받지 않도록 Scale Rule을 Keep World로 설정한다.

10. AttacToComponent 다음에 새로운 PickedUpObject 변수 게터에서 OnPickup 인터페이스 메시지를 호출한다(그림 8.7 참조).

11. 드롭 이벤트를 설정하기 위해 새 IsValid 검사를 추가하고 새 `PickedUpObject` 변수 게터를 입력 오브젝트에 전달한다.

12. 유효성 검사의 IsValid 출력 핀에 연결해 새로운 DetachFromActor 노드를 추가하고 Target으로 새 `PickedUpObject` 변수 게터를 전달하고 모든 변환 규칙을 **Keep World**로 설정한다(그림 8.8 참조).

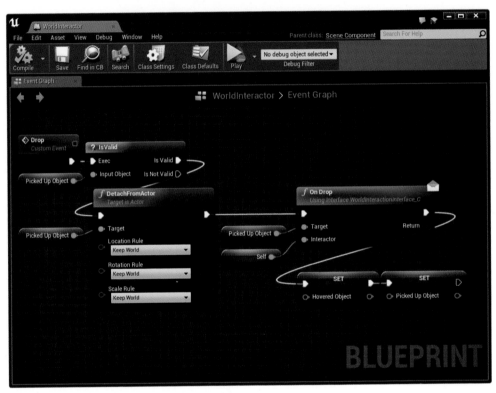

그림 8.8 월드 인터랙터 컴포넌트: 오브젝트 떨어뜨리기

13. DetachFromActor 노드가 새로운 `PickedUpObject` 변수 게터에서 OnDrop 인터페이스 메시지를 호출한 후 Self를 Interactor 핀으로 전달한다.

14. 마지막으로 할 일은 두 개의 세터 노드를 추가하고 파란색 입력 핀을 비워 둠으로써 `HoveredObject` 및 `PickedUpObject` 변수를 지우는 것이다(그림 8.8 참조).

호버 오브젝트 사용하기

호버 오브젝트를 사용하기 위한 기능을 추가하는 것은 플레이어가 버튼을 가리킬 때
사용할 수 있는 버튼과 그밖에 다른 것들을 갖고 싶을 때 유용할 수 있다.

1. UseHoveredObject라는 새 커스텀 이벤트 노드를 생성한다.
2. 새로운 이벤트의 출력에서 드래그해 새로운 **HoveredObject** 변수 게터에서
   OnUse 인터페이스 메시지를 호출한 후 Self를 Interactor 핀에 전달한다(그
   림 8.9 참조).

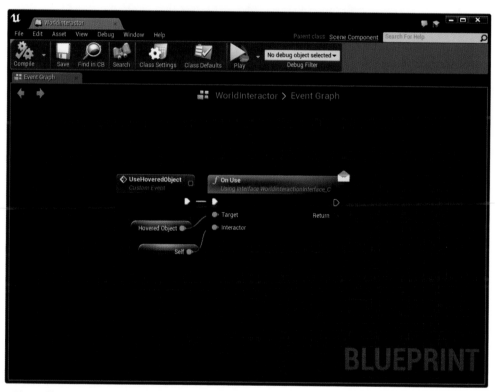

그림 8.9 월드 인터랙터 컴포넌트: 호버된 오브젝트 사용하기

인터랙션 Pawn에 인터랙션 추가하기

새로 생성된 인터랙터 컴포넌트를 사용하려면 인터랙션 Pawn에서 새로 생성된 이벤트 중 일부를 호출해야 한다.

1. Blueprint 폴더에서 InteractionPawn Blueprint를 연다.

2. 두 개의 모션 컨트롤러 이벤트를 사용한다. **Event Graph**를 마우스 오른쪽 버튼으로 클릭해 새 MotionController (L) Grip1 및 MotionController (L) Trigger 이벤트를 생성하고 이름을 입력한다.

   그립 이벤트는 Vive 컨트롤러의 사이드 그립 버튼과 Oculus Touch 컨트롤러의 핸드 트리거를 나타낸다. 이것은 물건을 집어 드는 데 유용하다.

3. World Interactor 컴포넌트에 대한 새 게터를 생성하고 Pickup 및 Drop 이벤트를 호출한다.

4. MotionController (L) Grip1 이벤트의 Pressed 실행 핀을 Pickup 이벤트의 입력 실행 핀에 연결하고 Released 실행 핀을 Drop 이벤트의 입력에 연결한다(그림 8.10 참조).

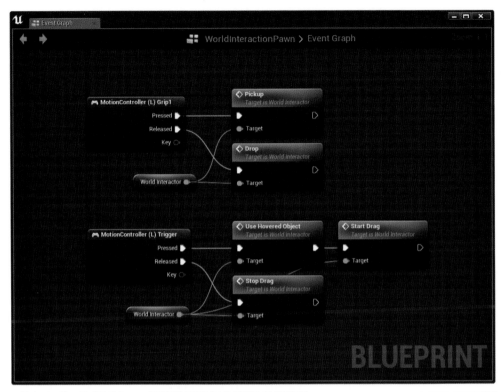

그림 8.10 월드 인터랙션 Pawn: 인터랙터 컴포넌트에 이벤트 활성화하기

이렇게 하면 그립 버튼으로 오브젝트를 픽업하고 동일한 버튼을 놓을 때 드롭할 수 있다.

5. World Interactor 컴포넌트에 대한 새 게터를 다시 생성하고 파란색 출력 핀에서 드래그해 UseHoveredObject, StartDrag, StopDrag 이벤트에 대한 호출을 추가한다.

6. MotionController (L) Trigger 이벤트의 Pressed 실행 핀을 Use HoveredObject 이벤트의 입력 실행 핀에 연결하고, UseHoveredObject 이벤트의 출력 실행 핀을 StartDrag 이벤트의 입력 실행 핀에 연결한다. 마지막으로 MotionController (L) Trigger 이벤트의 Release 실행 핀을 StopDrag

이벤트의 입력에 연결한다(그림 8.10 참조). 이렇게 하면 트리거와 함께 오브
젝트를 사용할 수 있지만, 트리거와 함께 오브젝트를 드래그할 수도 있다.

> **노트**
>
> Motion Controller 컴포넌트가 두 개인 경우에는 이 단계를 다시 수행하기만 하면 된다. 그러나
> MotionController (L) Grip1 및 MotionController (L) Trigger 이벤트를 MotionController (R) Grip1 및
> MotionController (R) Trigger 이벤트로 적절히 변경한다.

인터랙티브 오브젝트 생성하기

이제 오브젝트와 인터랙션할 수 있는 기본 시스템이 생겼으므로 인터랙티브 오브젝
트를 만들 차례다.

인터랙티브 정적 메시 액터 생성하기

첫 번째 인터랙티브 오브젝트는 집어 들어서 던질 수 있는 간단한 정적 메시 액터Static
Mesh Actor다. 이 Blueprint는 특정 기능이 필요 없지만 플레이어가 여전히 인터랙션할
수 있는 씬의 기본 세트 드레싱 오브젝트에 사용할 수 있다.

1. InteractiveObjects 폴더(Blueprints > InteractiveObjects)에서 **Add New >
   Blueprint Class > Static Mesh Actor**를 선택한 후 Pick Parent Class 대화 상자
   에서 **Select** 버튼을 선택해 정적 메시 액터에 기반한 새로운 Blueprint를 추가
   한다.
2. 새로 만든 오브젝트의 이름을 InteractiveStaticMesh로 지정한다.
3. 새로 생성된 Blueprint를 열고 **Class Setting shelf** 버튼을 클릭한다.
4. Details 패널에서 Interface > Implemented Interfaces 아래에 있는 **Add** 버튼을 클
   릭하고 **World Interaction Interface**(그림 8.11 참조)를 선택해 Blueprint에 인터
   랙션 인터페이스를 추가한다.

그림 8.11 인터랙티브 정적 메시: 집어 들 수 있도록 인터페이스를 추가하기

5. 인터페이스 함수에 액세스할 수 있도록 Blueprint를 컴파일한다.

6. CanPickup 함수를 두 번 클릭하고 Pickup 반환 값을 True로 설정한다. 이렇게 하면 이 Blueprint를 사용할 수 있다(그림 8.11 참조).

7. Component 패널에서 StaticMeshComponent (Inherited) 컴포넌트를 선택한다. 오른쪽의 Details 패널에서 Mobility를 Movable로 설정하고, Static Mesh 속성을 Cube로 설정한다(이 큐브를 보려면 엔진 내용을 표시해야 할 수도 있음). Simulate Physics 속성을 True로 설정한다. 마지막으로 Collision에서 Generate Overlap Events를 활성화한다.

8. OnPickup 인터페이스 함수를 연다.

9. StaticMeshComponent (Inherited)에 대한 변수 게터를 생성한다.

10. 핀을 False로 설정한 채로 함수 입력과 반환 값 사이에 연결한다(그림 8.12 참
    조). 이렇게 하면 오브젝트를 들어올릴 때 사용자의 손을 통과하지 못한다.

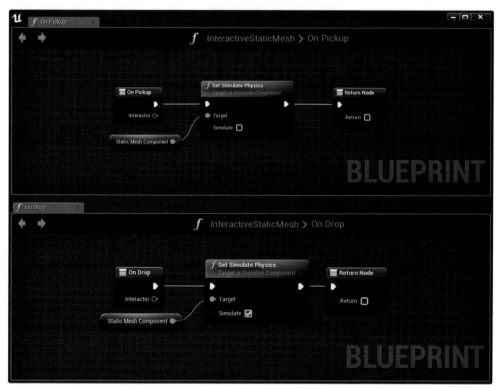

그림 8.12 인터랙티브 정적 메시: Pickup 및 Drop 함수

11. OnDrop 인터페이스 함수를 연다.

12. StaticMeshComponent에 대한 새로운 게터를 한 번 더 생성하고
    SetSimulatePhysics 함수를 호출한다. 이번에는 Simulate 핀을 True로 설정한
    다. 이렇게 하면 오브젝트를 놓을 때 물리 규칙이 다시 활성화된다.

노트

한 Blueprint의 컴포넌트에서 물리 기능을 활성화하면 해당 컴포넌트가 Blueprint 계층에서 제외된다.
이 경우에는 StaticMeshComponent가 Blueprint의 근원이기 때문에 아무런 효과가 없다. 이 작업을 수
행하기에 좋은 곳은 OnPickup 함수 이후다.

그러나 Blueprint의 루트가 아닌 컴포넌트에서 물리 법칙을 활성화하면 Blueprint의 변형에 영향을 받기
전에 루트 컴포넌트에 다시 부착해야 한다.

좋은 위치 중 하나는 OnPickup 함수 뒤다.

> ### 충돌 방지하기
>
> 물리 시뮬레이션을 사용하지 않도록 설정하면 오브젝트가 이제는 연결된 모션 컨트롤러에서 직접 변형되기 때문에 오브젝트는 레벨의 정적 지오메트리와 더 이상 충돌하지 않는다. 충돌을 유지하려면 복잡한 방법이긴 하지만 임시 해결책으로 물리를 활성화하고 대신에 픽업된 물체의 선형 및 각도 댐핑 값을 매우 높은 수로 설정한다. 이로 인해 중력이 더 이상 중요한 각도에 영향을 주지 않는 것처럼 픽업된 오브젝트가 작동한다. 이렇게 하면 사용자의 손에서 떨어지는 것을 방지하고 오브젝트를 정적 지오메트리와 충돌시킬 수 있다.
>
> 그러나 오브젝트가 일부 지오메트리와 충돌한 후 초기 위치로 돌아가지 않는다. 이 문제를 해결하려면 오브젝트를 가져온 후에 오브젝트의 중력을 비활성화할 수 있으며 오브젝트가 원래 위치에서 벗어나면 반대 방향으로 중력을 시뮬레이션해 오브젝트가 원래 위치로 되돌아가고자 하는 것처럼 보일 수 있다.

인터랙티브 버튼 생성하기

모션 컨트롤러의 일반적인 입력 시스템은 푸시하는 사용자에게 반응하는 물리적인 버튼이다. 이와 같이 인터랙티브 오브젝트를 원할 때 가장 먼저 떠오르는 것은 물리학을 활성화하고 몇 가지 제약 조건을 추가하는 것이다. 불행하게도 실제로는 모션 컨트롤러가 제공하는 무제한 운동과 잘 인터랙션하지 않는다. 따라서 많은 모션 컨트롤러 인터랙션과 마찬가지로, 버튼에서 최대한의 제어권을 얻기 위해 자신만의 물리적 인터랙션을 위장하는 것이 좋다.

버튼을 만들기 위해 멋진 새 인터페이스를 구현할 필요는 없다. 이상적으로는 플레이어가 들고 있는 어떠한 오브젝트로도 눌릴 수 있는 버튼이지 인터랙터 컴포넌트 자체를 원하는 것은 아니다.

버튼 및 버튼 메시 생성하기

버튼의 기능을 구현하기 전에 기본 컴포넌트에서 시각적 표현을 생성해야 한다.

1. InteractiveObjects 폴더(Blueprints > InteractiveObjects)에서 새 액터 Blueprint를 추가한다.
2. 새로 만든 액터 InteractiveButton의 이름을 지정하고 연다.

3. ButtonRoot라는 Scene 컴포넌트와 Button이라는 Cylinder 컴포넌트, 그리고 Base라는 이름의 또 다른 Cylinder 컴포넌트, 이렇게 세 개의 새로운 컴포넌트를 생성한다.

4. Button Cylinder를 ButtonRoot로 끌어서 자식으로 설정한다.

5. ButtonRoot 컴포넌트의 위치를 (X = 0.0, Y = 0.0, Z = 5.0)로 설정한다. 그러면 버튼이 Z축에서 5만큼 위로 이동한다.

6. Button 컴포넌트 구성 요소의 스케일을 (X = 0.1, Y = 0.1, Z = 0.05)로 설정한다. 이렇게 하면 실제 버튼 모양에 가까워질 것이다.

7. Base 컴포넌트의 스케일을 (X = 0.2, Y = 0.2, Z = 0.05)로 설정한다. 이렇게 하면 버튼의 밑부분처럼 보이게 된다(그림 8.13 참조).

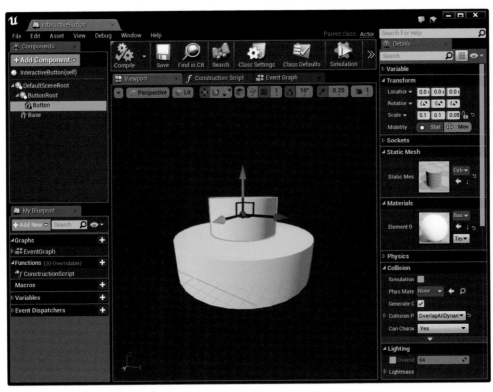

그림 8.13 인터랙티브 버튼: 기본 컴포넌트

8. Button 컴포넌트를 한 번 더 선택하고 Collision Preset을 OverlapAllDynamic으로 설정한다. 버튼 오버랩을 사용해 버튼을 눌렀을 때를 감지한다.

9. Base 컴포넌트를 선택하고 Collision Preset을 NoCollision으로 설정한다. 이렇게 하면 버튼이 동작하는 데 문제가 발생하지 않도록 할 수 있다.

버튼 오버랩 감지하기

이제 메시가 설정됐으므로 버튼을 누르기 위한 수식을 적용할 수 있도록 액터가 버튼과 겹쳐졌을 때 이를 감지해야 한다.

1. 새 Primitive 컴포넌트 참조 변수를 만들고 이름을 OverlappedComponent로 지정한다. 이렇게 하면 현재 오버랩된 컴포넌트가 유지된다.

2. 오버랩된 컴포넌트의 초기 월드 위치를 저장하기 위해 InitialOverlap Location으로 이름을 지정해 새 Vector 변수명을 생성한다.

3. ButtonPressAmount라는 새로운 Float 변수를 생성한다. 이렇게 하면 현재 버튼이 눌린 정도가 저장된다.

4. MaxButtonPressAmount라는 Float 변수를 하나 더 생성하고 기본값을 4로 설정한다. 이 값은 Pressed 이벤트를 호출할 때까지 버튼이 최대로 눌리는 정도를 말한다.

5. Pressed라는 새 이벤트 디스패처를 만든다. 다른 액터가 버튼을 인식하지 않아도 버튼의 Pressed 이벤트에 이벤트를 쉽게 바인딩할 수 있게 하므로 이벤트 디스패처를 사용한다.

6. 컴포넌트 패널에서 Button 컴포넌트를 클릭한 후 Details 패널에서 OnComponentBeginOverlap 및 OnComponentEndOverlap 이벤트의 + 버튼을 클릭한다. 이제 이러한 이벤트가 Event Graph에 표시된다(그림 8.14 참조).

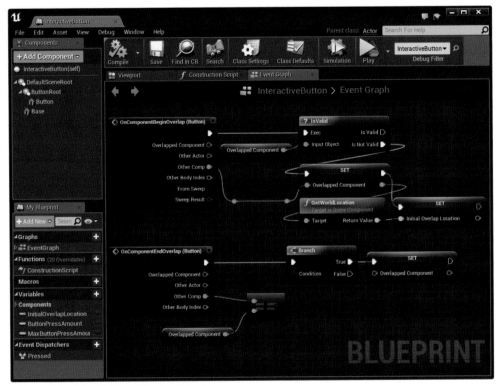

그림 8.14 인터랙티브 버튼: 버튼 오버랩 감지하기

7. OnComponentBeginOverlap (Button) 이벤트의 출력 실행 핀에 IsValid 노드를 추가하고 Input Object 입력 핀을 새 OverlappedComponent 변수 게터에 연결한다.

8. OverlappedComponent 변수에 대한 새로운 세터 노드를 생성하고 유효성 검사를 위한 Is Not Valid 출력 실행 핀에 입력 실행 핀을 연결한다. 그 후에 세터의 파란색 입력 핀을 OnComponentBeginOverlap (Button) 이벤트의 Other Comp 출력 핀에 연결한다.

9. Event Graph에 InitialOverlapLocation 변수에 대한 세터를 생성하고 입력 실행 핀을 OverlappedComponent 세터의 출력 실행 핀에 연결한다.

10. OverlappedComponent 세터의 파란색 출력 핀에서 드래그해 `GetWorldLocation` 함수를 호출하고 InitialOverlapLocation 세터로 전달한다 (그림 8.14 참조).

11. 새 Branch 노드를 생성하고 OnComponentEndOverlap (Button) 이벤트의 출력 실행 핀에 연결한다.

12. Other Comp 출력 핀의 파란색 출력 핀에서 드래그해 **EqualTo** 체크를 추가하고 Equal 노드의 다른 입력 핀을 새로운 OverlappedComponent 게터에 연결한다.

13. 새로운 OverlappedComponent 세터를 생성해 Branch의 True 실행 핀에 연결한다. `OverlappedComponent` 변수를 지우기 위해서는 세터를 비워둬야 한다.

버튼 누르기

오브젝트가 버튼과 오버랩된 것을 감지했을 때는 오버래핑 오브젝트를 기준으로 버튼을 눌러야 한다.

그러기 위해서는 오버랩된 초기 컴포넌트의 월드 위치를 버튼 메시 기준으로 트랜스폼한 후, 버튼이 오버랩돼 있는 동안 오브젝트가 얼마나 멀리 이동했는지 확인해야 한다. 이것은 상대적 공간에서 얼마나 버튼을 눌러야 하는지를 나타낸다. 버튼을 누르는 것은 버튼의 초기 위치에서 이 값을 빼는 것만큼 간단하다.

버튼에 상대적인 이 계산은 버튼을 회전시켜주기도 하지만, 월드 공간에서 필요하며 여전히 올바르게 작동하는지 확인할 수 있도록 해준다.

1. EventTick 노드에서 드래그해 새로운 Sequence 노드를 생성한다.

2. OverlappedComponent 변수 게터의 Input Object가 있는 새 IsValid 노드를 추가하고 Sequence의 첫 번째 실행 핀에 연결한다. 이렇게 하면 컴포넌트가 겹쳐 있는 경우에만 버튼을 누를 수 있다.

3. ButtonRoot 컴포넌트를 위한 새로운 변수 게터를 생성한다.

4. 이 게터에서 드래그해 새로운 GetWorldTransform 노드 두 개를 생성한다.

5. 각 노드에서 Return Value를 가져와서 `InverseTransformLocation` 함수를 호출한다. 이렇게 하면 입력한 모든 월드 입력이 버튼 루트에 상대적으로 트랜스폼된다.

6. 첫 번째 InverseTransformLocation 노드의 Location 입력에 대해 `InitialOverlapLocation` 변수에 대한 새 게터를 연결한다.

7. 두 번째 Location 입력을 위해 새로운 `OverlappedComponent` 변수 게터를 생성하고 `GetWorldLocation` 함수를 호출해 Return Value 핀을 붙인다.

8. 겹쳐진 컴포넌트가 버튼을 기준으로 이동한 거리를 찾으려면 첫 번째 InverseTransformLocation 노드의 출력을 가져오고 마우스 오른쪽 버튼을 클릭해 Vector – Vector 노드를 생성한 후 두 번째 출력을 뺀다.

9. 겹쳐진 컴포넌트가 이동한 거리에 대한 벡터가 있으니 Vector – Vector 노드의 출력을 마우스 오른쪽 버튼으로 클릭하고 **Split Struct Pin**을 선택할 수 있다. 이렇게 하면 거리 벡터의 개별 축에 액세스할 수 있다.

10. 버튼을 로컬 Z축에서 누르기 때문에 사용자의 손 위치를 보완하기 위해 이 버튼의 위아래 위치를 수정해야 한다. Z축에서 드래그해 새 Clamp (float) 노드를 추가한다.

11. `MaxButtonPressAmount` 변수에 대한 새 게터를 추가하고 출력 핀을 Clamp (float)의 Max 입력으로 드래그한다. Min 핀은 0으로 둔다.

12. ButtonPressAmount에 대한 새로운 세터 노드를 생성하고 Clamp (float)의 출력을 그 노드에 연결한다.

13. 유효성 체크의 IsValid 출력 실행 핀을 새로운 세터 노드에 연결한다(그림 8.15 참조).

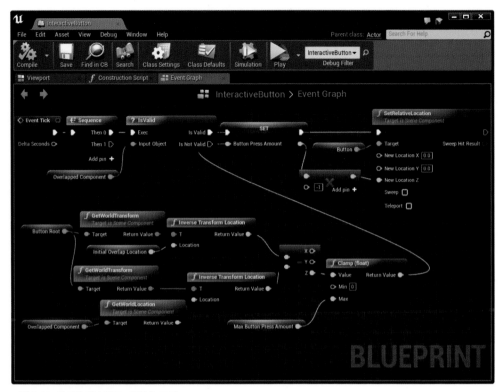

그림 8.15 인터랙티브 버튼: 버튼 누르기

14. Button 컴포넌트의 새 변수 게터를 Event Graph로 드래그하고 그 위에 SetRelativeLocation 함수를 호출한다.

15. SetRelativeLoction의 입력 실행 핀을 ButtonPressAmount 변수 세터의 출력 실행 핀에 연결한다.

16. SetRelativeLocation 노드의 New Location 입력 핀을 마우스 오른쪽 버튼으로 클릭하고 구조체 핀을 분할한다.

17. 버튼을 아래로 눌렀는지 확인하려면 ButtonPressAmount 세터의 녹색 출력 핀에서 드래그하고 Float * Float 함수를 호출해 −1을 두 번째 매개변수로 전달한다.

18. Float * Float 노드의 출력 핀을 SetRelativeLocation의 New Location Z 입력 핀에 연결한다(그림 8.15 참조).

버튼 올리기

버튼을 누르고 나서 자동으로 다시 올라오면 좋을 것이다. 다행히도 그렇게 만들기는 어렵지 않다.

1. Button 컴포넌트에 대한 새 변수 게터를 생성하고 이를 Target으로 새 SetRelative-Location 노드를 추가한다.

2. Sequence 노드 다음으로 유효성 검사의 IsNotValid 핀에 입력 실행 핀을 연결한다.

3. 새 VInterpTo 노드를 생성하고 SetRelativeLocation 노드의 New Location 핀에 Return Value 핀을 연결한다.

4. Button 컴포넌트에 대한 새 변수 게터를 추가하고 해당 Relative Location을 가져온다.

5. 이것을 VInterpTo 노드의 Current 핀에 연결한다.

6. Target 입력 핀을 (X = 0.0, Y = 0.0, Z = 0.0)로 둔다. 이것은 버튼의 초기 위치다.

7. Delta Seconds 핀을 EventTick에서 VInterpTo 노드의 Delta Time 입력으로 드래그한다(그림 8.16 참조).

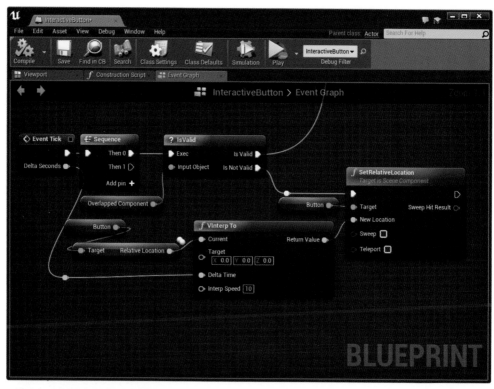

그림 8.16 인터랙티브 버튼: 버튼 올리기

8. Interp Speed를 10으로 설정한다. 이렇게 하면 버튼이 눌리지 않았을 때 초기 위치로 보간된다.

버튼 활성화하기

이제 오버랩하면 눌리고 그렇지 않으면 다시 올라오는 버튼을 갖게 됐다.

마지막으로 해야 할 일은 누군가가 버튼을 완전히 눌렀을 때를 감지하는 것이다.

1. Sequence 노드의 다음 실행 핀에서 드래그해 새 Branch 노드를 추가한다. 현재 누른 정도와 최대로 누른 정도가 같을 때를 감지하기 위해 사용할 예정이라면, Pressed를 호출한다.

2. ButtonPressAmount 및 MaxButtonPressAmount에 대한 두 개의 새로운 변수 게터를 생성한다.

3. ButtonPressAmount 변수 게터에서 드래그해 새 Float >= Float 노드를 추가하고 MaxButtonPressAmount 게터를 두 번째 입력 핀에 전달한다.

4. Float >= Float 노드의 출력을 Branch의 Condition 입력에 연결한다.

5. Branch의 True 출력 실행 핀에서 드래그해 DoOnce 노드를 추가하고 Branch의 False 출력 핀을 DoOnce 노드의 Reset 입력 실행 핀에 연결한다. 이렇게 하면 버튼을 누를 때마다 한 번만 Pressed를 호출할 수 있다.

6. DoOnce 노드 다음에 My Blueprint 패널에서 Pressed 이벤트 디스패처를 드래그하고 컨텍스트 메뉴에서 Call을 선택한다.

7. DoOnce 노드의 Completed 출력 실행 핀을 Pressed 호출의 입력에 연결한다(그림 8.17 참조).

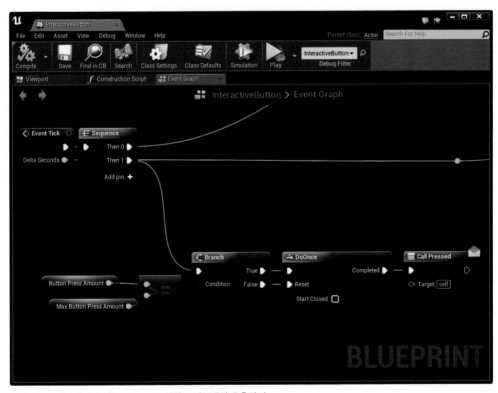

그림 8.17 인터랙티브 버튼: Pressed 이벤트 디스패처 호출하기

버튼 사용하기

작동하는 버튼이 생겼으니 이제 사용하는 일만 남았다.

레벨에 있는 버튼 이벤트를 트리거할 수 있는 쉬운 방법 중 하나는(일단 버튼이 레벨에 있으면) 레벨 Blueprint에서 이벤트에 대한 참조를 만들고 해당 Pressed 디스패처에 이벤트를 할당하는 것이다.

1. 레벨 Blueprint를 열고 레벨에서 선택된 버튼을 사용해 그것을 레퍼런스한다.

2. 레퍼런스에서 드래그해 AssignPressed 매크로를 호출한다. 이렇게 하면 두 개의 노드가 생성된다. 첫 번째는 BindEventToPressed 노드다. 이 노드는 호출될 때 이벤트를 이벤트 디스패처에 바인딩해 버튼을 누를 때마다 호출되도록 한다. 두 번째는 버튼을 누를 때 호출될 실제 이벤트다.

3. BindEventToPressed 노드의 입력 실행 핀을 EventBeginPlay에 연결한다. 이렇게 하면 Pressed_Event_0 이벤트가 재생 중에 언제든지 호출될 수 있다.

4. 버튼을 눌렀을 때 게임에서 필요한 것은 무엇이든 할 수 있다(예를 들어, Sequencer 시퀀스를 실행해 문을 여는 것 등(그림 8.18 참조)).

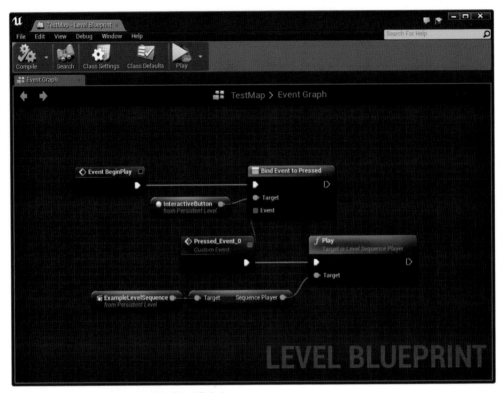

그림 8.18 인터랙티브 버튼: 레벨에서 버튼 사용하기

인터랙티브 레버 생성하기

이 절에서는 월드 인터랙터에 설정된 잡기^grab 함수를 사용해 당길 수 있는 레버^Lever 를 생성한다.

버튼과 마찬가지로 레버에는 레버가 당겨졌는지 여부를 알려주는 단일 출력 이벤트 가 있지만, 버튼과 달리 레버를 당기는 것은 훨씬 더 물리적인 동작이므로 자주 발생 하지 않는 신중한 동작에 사용해야 한다.

레버 컴포넌트 생성하기

레버의 시각적 모양을 설정하기 위해 간단한 실린더를 사용해보자.

1. InteractiveObjects 폴더(Blueprints ➤ InteractiveObjects)에서 액터를 기반으로 새로운 Blueprint를 만든다.

2. 새로 만든 액터 InteractiveLever의 이름을 지정하고 연다.

3. 툴바에 있는 **Class Settings** 버튼을 마우스로 클릭한다.

4. **Details** 패널에서 **Interfaces ➤ Implemented Interfaces** 섹션의 **Add** 버튼을 클릭해 인터랙티브 인터페이스를 추가하고 **World Interaction Interface**를 선택한다.

5. Blueprint를 컴파일해 인터페이스 함수에 액세스한다.

6. 두 개의 Cylinder 컴포넌트를 생성하고 각각 LeverCylinder 및 LeverHandle로 이름을 지정한다.

7. Sphere 컴포넌트를 생성하고 LeverEnd로 이름을 설정한다.

8. Scene 컴포넌트를 생성하고 LeverRotate로 이름을 지정한다. 이것은 레버를 돌리는 데 사용할 컴포넌트다.

9. LeverCylinder 컴포넌트를 X축에서 90도 회전시키고(Pitch = 0.0, Yaw = 0.0, Roll = 90.0), **Scale**을 (X = 0.3, Y = 0.3, Z = 0.1)로 설정한다. 이렇게 하면 실린더가 레버의 기저부처럼 보이게 된다.

10. LeverHandle 컴포넌트를 25만큼 Z축에서 위로 움직여 (X = 0.0, Y = 0.0, Z = 25.0) 위치에 놓고 **Scale**을 (X = 0.05, Y = 0.05, Z = 0.50)로 설정한다. 이렇게 하면 레버의 핸들처럼 보이는 원통이 생성된다.

11. LeverEnd 컴포넌트를 50 단위만큼 Z축에서 위로 움직여 (X = 0.0, Y = 0.0, Z = 50.0) 위치에 놓고 **Scale**을 (X = 0.1, Y = 0.1, Z = 0.1)로 설정한다. 이렇게 하면 레버의 끝처럼 보이는 구가 생성된다.

12. LeverEnd 및 LeverHandle 컴포넌트를 모두 LeverRotate 컴포넌트에 연결한다. 이렇게 하면 LeverRotate(그림 8.19 참조)를 회전시키고 나머지는 그것을 따라가게 할 수 있다.

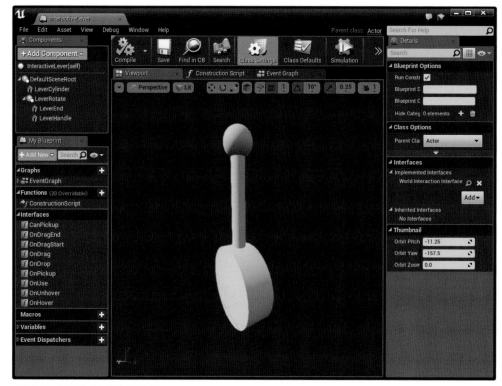

그림 8.19 인터랙티브 레버 컴포넌트

레버 회전시키기

LeverRotate 컴포넌트를 회전시키기 위해 레버를 드래그할 수 있다. 여기에는 몇 가지 기본적인 삼각법이 필요하다. 이전에 비슷한 것을 해본 적이 없다면 여기에서 여러분에게 세부적으로 나눠 알려줄 것이다.

먼저 변수를 설정해야 한다.

1. CurrentInteractor라는 새로운 WorldInteractor 참조 변수를 만든다. 이렇게 하면 레버를 드래그하는 인터랙터가 저장된다.

2. IsResettingRotation이라는 새 Boolean 변수를 만든다. 이 변수를 사용해 레버를 초기 회전으로 되돌리기 위해 움직이도록 제어할 수 있다.

3. InitialResetRotation과 InitialLeverRotation이라는 두 개의 Rotator 변수를 새로 생성한다. 첫 번째 변수는 레버를 기본 회전으로 되돌리기 전에 회전을 유지한다. 두 번째 변수는 게임이 시작됐을 때의 초기 기본 회전을 유지한다.

4. 네 개의 새로운 Float 변수를 생성하고 MinPitch, MaxPitch, ActivationPitch, CurrentPitch로 이름을 지정한다.

    - MinPitch 및 MaxPitch는 레버 회전의 하한과 상한을 유지한다.

    - ActivationPitch는 레버가 도달하면 활성화돼 레버를 원래의 회전으로 되돌리는 피치pitch를 유지한다.

    - CurrentPitch는 레버의 현재 피치를 포함한다.

5. MinPitch와 ActivationPitch의 기본값을 -90으로 설정한다.

6. Pulled라는 새 이벤트 디스패처를 만든다.

7. EventBeginPlay에서 드래그해 InitialLeverRotation 변수에 대한 세터를 만든다.

8. LeverRotate 컴포넌트에 대한 게터를 생성해 게터의 Relative Rotation을 얻은 다음, InitialLeverRotation 세터 입력 핀에 연결한다(그림 8.20 참조).

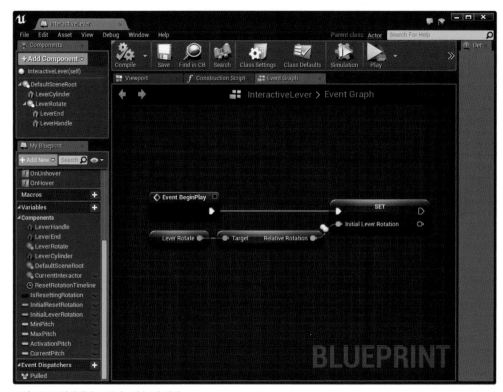

그림 8.20 인터랙티브 레버: 변수 및 설정

경고

이제 몇 가지 삼각법을 파고들 것이다. 모든 것을 설명하려고 노력하겠지만, 이해되지 않으면 언제든지 구현으로 건너뛸 수 있다(기능 구현을 위해 삼각법을 이해할 필요는 없다).

이제 필요한 변수를 얻었으므로 회전을 계산할 차례다.

이렇게 하려면 현재 인터랙터의 월드 위치를 상대 위치로 변환한다. 이것은 레벨의 레버에 적용한 모든 월드 변형을 수정해준다. Z축과 X축의 아크^arc 탄젠트('역탄젠트' 라고도 함)를 계산해 이 위치의 상대 피치 회전을 찾는다(그림 8.21 참조). 마지막으로 X축이 아닌 Z축에서 회전하길 원하므로, 회전시키지 않은 상태에서 축을 교환하기 위해 상대 위치를 90도 역회전시킨다.

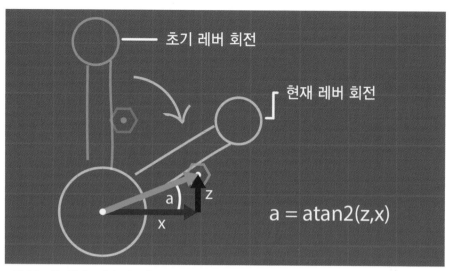

그림 8.21 인터랙티브 레버. x는 X축의 레버 중심에서부터 그립(grip) 점까지의 거리고, z는 Z축의 레버 중심에서 그립 점까지의 거리며, a는 X축과 그립 점 사이의 각이다.

아크 탄젠트와 ATAN2

삼각법에서 어떤 각도의 탄젠트 값은 대변(마주보는 변)의 길이를 이웃변의 길이로 나눈 값과 같다.

$$\tan(\text{각도}) = \frac{\text{대변}}{\text{이웃변}}$$

아크 탄젠트 또는 역탄젠트는 단순히 이것의 반대다. 이전에 나눈 값의 결과에 따라 아크 탄젠트는 대변과 이웃변 사이의 각도를 제공한다.

$$\text{atan}\left(\frac{\text{대변}}{\text{이웃변}}\right) = \text{각도}$$

결과적으로 atan2 함수는 두 개의 인수(x, y)를 취하는 atan 함수의 확장일 뿐이다. 이는 함수가 0으로 나누기 오류(이웃변의 길이가 0일 때)의 문제에서 내부적으로 복구할 수 있게 한다. 또한 변들의 부호에 대한 정보를 수집해 해당 사분면의 값을 반환할 수도 있다.

걱정하지 않아도 된다. 여러분이 길을 잃지 않도록 이것을 단계별로 나눌 것이다.

1. OnDrag 인터페이스 함수를 연다.

2. 이벤트의 출력 실행 핀에서 드래그해 새 Branch 노드를 만든다.

3. Interactor 핀에서 드래그해 새 Equal (Object) 노드를 만들고 Current Interactor 변수의 새 게터를 두 번째 핀에 전달한다.

4. Equal (Object)의 출력을 Branch 노드에 연결한다.

5. False 핀에서 드래그해 새 Return 노드를 만든 후 그것을 비워둔다.

6. Branch의 True 출력 핀에서 드래그해 새로운 Branch 노드를 만든다.

7. IsResettingRotation 변수에 대한 변수 게터를 만든다.

8. 핀에서 드래그해 새 NOT Boolean 노드를 추가한다.

9. 이 NOT Boolean 노드의 출력을 새 Branch의 Condition 입력에 연결한다. 이렇게 하면 레버를 초기 회전으로 되돌리기 위해 레버를 회전시키지 않아도 된다.

10. 새 GetActorTransform 노드를 만든다.

11. GetActorTransform 노드에서 드래그해 InverseTransformLocation을 호출한다.

12. CurrentInteractor 변수를 위한 새로운 게터를 생성하고, 게터에서 GetWorldLocation을 호출한다.

13. GetWorldLocation의 Return Value를 InverseTransformLocation의 Location 입력 핀에 연결한다. 그러면 현재 인터랙터의 월드 위치가 로컬 공간으로 변환된다.

14. InverseTransformLocation의 Return Value에서 드래그해 UnrotateVector 함수를 호출하고 Y축 값으로 90을 B 입력에 전달한다(그림 8.22 참조). 피치를 레버 기준으로 계산하길 원하므로 벡터가 회전하고, 레버는 앞이 아닌 위를 향하게 된다.

15. UnrotateVector 노드의 Return Value 핀을 마우스 오른쪽 버튼으로 클릭하고 구조체 핀을 분할한다.

16. Return Value Z 핀에서 드래그해 Atan2 (Degrees) 함수를 호출한다.

17. Return Value X 핀을 Atan2 (Degrees)의 B 입력 핀에 연결한다. 그러면 현재 인터랙터와 핸들 사이의 각도가 계산된다.

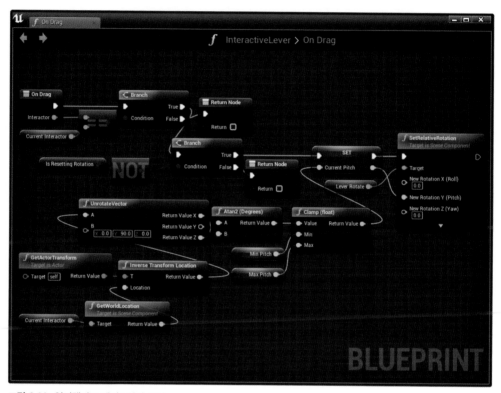

그림 8.22 인터랙티브 레버: 회전 계산

18. Atan2 (Degrees) 노드의 Return Value 핀에서 드래그해 Clamp (float) 함수를 호출한다.

19. MinPitch와 MaxPitch 변수에 대해 두 개의 새 게터 노드를 생성한다. 그런 다음 첫 번째 노드는 Clamp (float)의 Min 입력 핀에, 두 번째 노드는 Max 입력 핀에 연결한다.

20. CurrentPitch 변수에 대한 새로운 세터 노드를 생성하고 Clamp (float)의 출력을 녹색 입력 핀에 연결한다.

21. Branch 노드의 True 출력 핀을 세터 노드의 입력 실행 핀에 연결한다(그림 8.22 참조).

22. LeverRotate 컴포넌트에 대한 새 게터 노드를 드래그하고 SetRelative Rotation을 호출한다.

23. NewRotation 핀을 마우스 오른쪽 버튼으로 클릭하고 **Split Struct Pin**을 선택해 SetRelativeRotation 노드의 로테이터 구조 핀을 분할한다.

24. 현재 피치 세터의 출력 실행 핀을 SetRelativeRotation의 입력 실행핀으로 드래그한다. 그런 다음 동일 세터의 녹색 출력 핀을 SetRelativeRotation 노드의 New Rotation Y (Pitch) 입력 핀에 연결한다(그림 8.22 참조).

레버 재설정하기

이제 작동 레버가 있다. 하지만 지금까지는 레버가 앞뒤로만 회전했다. 좀 더 생동감 있게 보이도록 하려면 레버가 끝까지 도달하거나 놓일 때마다 레버의 원래 회전으로 회전을 보간해야 한다.

1. **Event Graph**를 마우스 오른쪽 버튼으로 클릭하고 새 커스텀 이벤트를 추가한 후, ResetRotation이라고 이름을 지정한다.

2. `IsResettingRotation` 변수에 대한 새 변수 세터를 생성하고 새 이벤트의 출력을 세터의 입력 실행 핀에 연결한다. 세터의 입력을 확인해 **True**로 만든다.

3. `InitialResetRotation` 변수에 대한 다른 변수 세터를 작성한다. IsResetting Rotation 세터의 출력 실행 핀을 새 노드의 입력 실행 핀에 연결한다.

4. LeverRotate 컴포넌트에 대한 새로운 게터를 생성해 RelativeRotation을 가져온 후 InitialResetRotation 세터의 입력 핀에 연결한다(그림 8.23 참조).

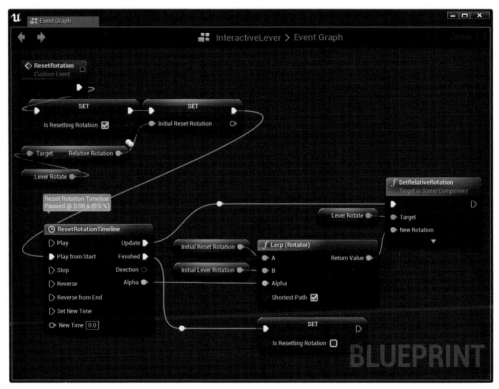

그림 8.23 인터랙티브 레버: 레버 회전 재설정하기

5. 레버를 회전하려면 새 타임라인을 생성한다. Event Graph를 마우스 오른쪽 버튼으로 클릭하고 **Add Timeline**을 선택한 후 이름을 ResetRotationTimeline으로 지정한다.

6. 새 타임라인을 더블 클릭해 타임라인 에디터를 연다.

7. 툴바에서 **Add Float Track** 버튼을 클릭해 새로운 Float 트랙을 추가하고 Alpha라고 이름을 지정한다.

8. 격자선 영역에서 **Shift +** 클릭해 타임라인에 두 점을 생성한다.

9. **Time**과 **Value**가 0이 되도록 첫 번째 점을 설정한다.

10. 두 번째 점은 **Time**이 0.5고 **Value**가 1이 되도록 설정한다(그림 8.24 참조).

그림 8.24 인터랙티브 레버: 레버 회전 타임라인 재설정하기

11. 두 점을 드래그해 모두 선택한 후, 점 중 하나를 마우스 오른쪽 버튼으로 클릭하고 Key Interpolation에서 Auto를 선택한다. 그러면 점들 사이의 선이 멋진 곡선이 된다.

12. 툴바의 Use Last Keyframe? 변수를 확인한다. 이렇게 하면 타임라인의 길이가 마지막 키 프레임으로 설정된다.

13. InitialResetRotation 세터의 출력 실행 핀을 타임라인의 Start 입력 핀에서 Play로 연결한다.

14. `InitialResetRotation`과 `InitialLeverRotation` 변수에 대해 두 개의 새 변수 게터 노드를 생성한다.

15. InitialResetRotation 게터 노드에서 드래그해 Lerp (Rotator) 함수를 호출한다.

16. InitialLeverRotation 게터를 Lerp (Rotator) 노드의 B 입력 핀에 연결한다.

17. 타임라인의 Alpha 핀을 Lerp (Rotator)의 Alpha 핀에 연결한다.

18. Lerp (Rotator) 노드에서 Shortest Path Boolean을 확인한다. 이 노드는 두 회전 사이를 선형으로 보간해준다. 그러나 이러한 경우, 타임라인을 사용해 구동하므로 타임라인에 원하는 모든 종류의 보간 곡선을 추가할 수 있다.

19. LeverRotate 컴포넌트에 대한 게터를 만들고, 게터에서 `SetRelativeRotation` 함수를 호출한다.

20. New Rotation 입력 핀의 경우 Lerp (Rotator)의 Return Value를 추가하고, 입력 실행 핀의 경우 타임라인의 Update 실행 핀을 추가한다.

21. `IsResettingRotation` 변수에 대한 새로운 세터를 생성하고, 입력 실행 핀을 타임라인의 Finished 핀에 연결한다(그림 8.22 참조). 애니메이션이 끝나면 레버를 다시 당길 수 있다.

22. `OnDragEnd` 인터페이스 함수를 연다.

23. 새 Branch 노드를 생성해 함수의 입력 실행 핀에 연결한다(그림 8.25 참조).

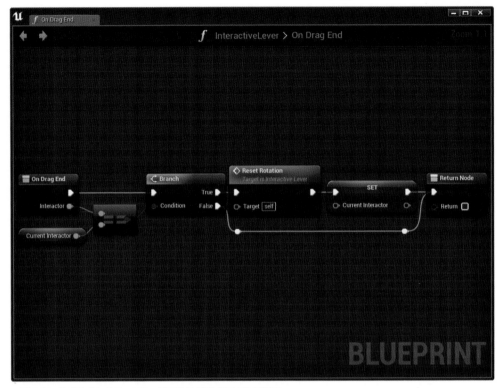

그림 8.25 인터랙티브 레버: 드래그 엔드에서 레버 회전 재설정하기

24. Interactor 입력 핀에서 드래그해 Equal (Object) 노드를 만들고, CurrentInteractor용 새 변수 게터를 두 번째 입력에 연결한다.

25. 이 Equal (Object) 노드의 출력을 Branch의 Condition 입력에 연결한다. 이는 사용자가 레버에서 현재 드래그 중인 인터랙터가 아닌 다른 인터랙터로 드래그하는 것을 중지시킬 수 없도록 한다.

26. Branch 노드의 True 핀에서 드래그해 ResetRotation 이벤트를 호출한다.

27. ResetRotation 호출 후, 변수를 지우기 위해 새 `CurrentInteractor` 변수 세터를 만들고 비워둔다.

28. 세터의 출력을 Return 노드에 연결한다.

29. Branch의 False 출력을 Return 노드에 연결한다.

레버 트리거하기

퍼즐의 마지막 부분을 추가해보자. 활성화 피치에 도달하면 Pulled 이벤트 디스패처를 호출한다.

1. `OnDrag` 함수로 돌아가서 CurrentPitch와 ActivationPitch에 대한 두 개의 새 변수 게터 노드를 만든다.

2. CurrentPitch 게터에서 드래그해 Equal (float)를 호출한다. 그런 다음 두 번째 녹색 핀으로서 ActivationPitch 게터를 전달한다.

3. 새로운 Branch 노드를 SetRelativeRotation 노드의 끝에 연결하고, Equal (float)의 출력을 이 Branch의 Condition 입력에 연결한다(그림 8.26 참조).

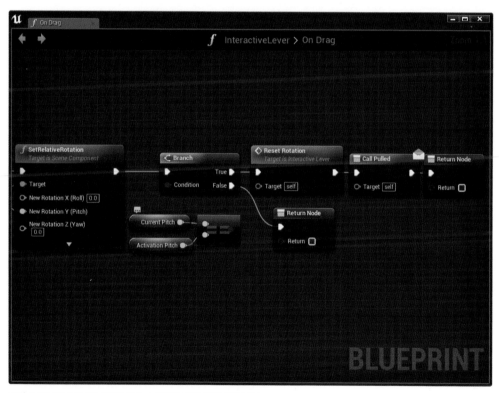

그림 8.26 인터랙티브 레버: Pulled 이벤트 디스패처 호출하기

4. Branch의 True 핀에서 드래그해 ResetRotation 커스텀 이벤트를 호출한다.

5. ResetRotation 호출 후에 Pulled 이벤트 디스패처를 호출한다.

6. Pulled 호출의 출력을 Return 노드에 연결하고, Branch의 False 출력을 다른 Return 노드에 연결한다.

이제 당기고 작동시킬 수 있는 레버가 생겼다. Pulled 이벤트 디스패처에 레버를 연결하기 위해 인터랙티브 버튼을 연결할 때 했던 것과 동일하게 수행하고 이것을 레벨에 추가한다. 그러면 레벨에서 Blueprint가 Pulled 이벤트와 바인드될 것이다(그림 8.27 참조).

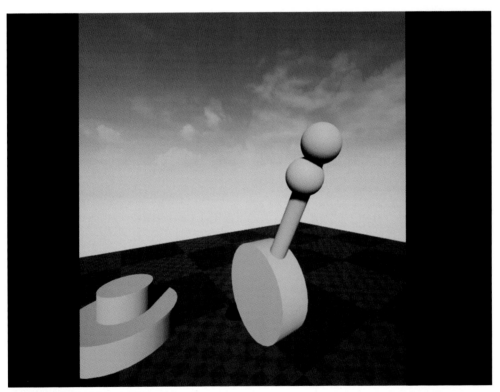

그림 8.27 당겨진 상태의 인터랙티브 레버

요약

8장에서는 월드 좌표상의 오브젝트와 모션 컨트롤러를 통한 인터랙션이 가능하게 해주는 확장 가능한 월드 인터랙션 시스템의 생성 방법을 살펴봤다. 또한 버튼과 레버처럼 VR 게임과 경험에서 흔히 볼 수 있는 몇 가지 오브젝트로 시스템을 테스트했다.

연습 문제

인터랙티브 오브젝트에 대한 다음과 같은 확장을 고려해보자.

- 플레이어가 컴포넌트와 인터랙션할 때 포스 피드백force feedback 효과를 추가한다. 포스 피드백은 플레이어로 하여금 오브젝트가 만들어내는 좋은 감각을 전달하게 해준다(피드백 효과를 목표로 하기 위해 인터랙터를 제어하는 손에 대한 정보를 인터랙터 자체로 전달해야 할 수 있음).

- 플레이어가 중요한 오브젝트에 대한 잡기 버튼을 계속 붙들고 있을 필요가 없도록, 개별 오브젝트에 기본 드롭 바인딩을 오버라이드할 수 있게 한다. 이를 위한 한 가지 방법은 다른 손에 영향을 주지 않고 특정 손의 컨트롤을 오버라이드할 수 있는 입력 오버라이드 액터를 만드는 것이다.

- 새로운 인터랙션 방법을 만들어본다. 예제로 드로어drawer, 세그먼티드segmented 컨트롤, 다이얼 컨트롤이 있다.

9장

VR 로코모션

VR에서 움직임은 아직 실험적인 분야다. 9장에서는 시뮬레이터 멀미
(simulator sickness)의 개념과 VR을 불편하게 하는 원인에 대해 살
펴본다. 또한 현재 VR 게임에서 사용되는 중요한 이동 메커니즘도 살
펴본다.

시뮬레이터 멀미 ■■■■■■■■■

육체의 움직임으로 인해 발생하는 모션 멀미와 달리, 시뮬레이터 멀미는 사용자가 지각하는 움직임(이 경우, VR에서 움직임)과 신체가 알려주는 움직임의 차이로 인해 사용자가 받게 되는 부산물이다.

실세계의 동작과 인공 동작 사이에서 일어나는 불일치는 주로 전정 기관이 탐지한다. 전정 기관의 역할은 귀 안쪽에 존재하는 유체로 가속도를 감지하고 중력 가속도를 바탕으로 균형/방향을 감지하는 것이다. 벡션Vection은 지각 심리학자가 사용하는 용어로, VR에서처럼 플레이어가 시각 시스템을 통해 얻은 동작의 느낌을 나타내기 위해 사용한다. 벡션은 플레이어의 전정 기관에 대한 불일치를 유발하고 불편함을 유발할 수 있다. 이것이 왜 발생하는지에 대한 많은 이론이 있지만, 우리의 목적을 위해서는 더 많은 벡션이 더 많은 불편을 의미한다는 것만 알고 있으면 된다.

전정 기관은 가속을 감지하고 이 기관에서 전달한 정보에 동의하지 않는 사용자들에게 시각적 불편함을 준다. 따라서 VR 경험에 (인공) 가속이 적을수록 사용자가 더 편안할 것이라는 결론이다.

광학적 흐름Optic flow은 씬에서 플레이어가 움직이고 있음을 알리는 모든 동작을 말한다. 광학적 흐름이 많을수록 플레이어가 가진 인공적으로 움직이는 정보가 많아진다. 일반적으로, 이것은 더 많은 벡션의 원인이 된다. 따라서 씬에서 전체 광학적 흐름을 줄일 수 있는 조종석Cockpits은 벡션/시뮬레이터 멀미를 줄이는 한 방법이 될 수 있다. 또한 조종석은 참조 화면을 플레이어에게 제공해 플레이어를 씬 안으로 들어오게 하므로 벡션을 줄일 수 있다.

모든 경험에 조종석을 적용할 수 없기 때문에 사용자가 편안한 경험을 할 수 있도록 다른 기술을 사용할 수 있다. 가장 눈에 띄는 기술은 9장의 뒷부분에서 다룰 것이다.

마지막으로, 시뮬레이터 멀미는 다른 사람들보다 일부 사람들에게 특히 더 영향을 준다는 점에서 모션 멀미와 비슷하다. 따라서 모든 허용 수준을 수용하기 어려우므로 게임/경험의 타깃 고객을 파악하고 고객에 대한 타깃 로코모션locomotion 디자인 선택을 파악한다. 지나치다 싶을 정도로 주의를 기울이는 것은 좋은 생각이다. 그러나 편안함을 증가시키는 많은 요소가 몰입감을 감소시킬 수 있고 시뮬레이터 멀미가 심하지 않은 일부 플레이어는 몰입감을 더 얻을 수 있도록 이 편안함 옵션^{comfort option}을 끄거나 줄이고 싶어 할 수 있다.

로코모션 타입

실험과 연구를 통해 VR 커뮤니티는 다양한 인공 로코모션 방법을 개발했고 각 방법은 장단점을 갖고 있다. 일부는 다양한 유형의 경험에 적합할 수 있고 다른 일부는 특정 상황에만 적용될 수 있다. VR 매체가 생긴 지 얼마 되지 않았기 때문에 가장 보편적인 기술은 여전히 유동적으로 변화한다. 그러므로 원하는 경험에 가장 잘 어울리는 것으로 짜 맞출 수 있다.

자연

자연^{natural} 로코모션 방법은 일반적으로 실제 움직임을 플레이어의 움직임으로 일대일 변환하기 때문에 최소한의 메스꺼움 유발^{nausea-inducing} 경험을 하게 한다. 그러나 이러한 이점을 얻는 대신 이 방법은 가장 제한적인 로코모션 방법이다. 기본적으로 플레이어의 실세계/HMD의 트래킹 공간에 의해 제한된다. 물리적 공간에 대한 요구 사항을 해결할 수 있는 스마트 솔루션이 존재하고 자연 이동에 대한 변형은 리디렉션된^{redirected} 걷기 개념을 도입한다. 리디렉션된 걷기는 플레이어가 게임 공간을 떠나지 않고 가상 세계를 움직여 플레이어가 장거리를 걸었다고 속이는 아이디어다(예: 플레이어가 복도를 걸어감에 따라 세계를 천천히 회전하는 기법). 또한 플레이어가 게임 공간의 가장자리에 가까이 가지 않도록 레벨을 설계해 공간 요구 사항을 충족시킬 수 있다.

장점

- 시뮬레이터 멀미를 일으킬 가능성이 거의 없음

단점

- 플레이어의 물리적 공간에 의해 제한됨
- HMD의 트래킹 공간으로 제한됨

변형

- 리디렉션된 걷기 적용(가상 세계를 움직여 플레이어를 게임 공간 안에 유지)

텔레포테이션

텔레포테이션teleportation은 자연 로코모션과 결합해 플레이어의 물리적 영역 너머로 메소드의 범위를 확장시킬 수 있는 또 다른 일대일 이동 방법이다. 메스꺼움을 야기할 가능성은 적지만 사용자에게 혼란을 줄 수 있으며, 모든 게임 테마에 적합한 기법은 아니다. 텔레포트를 위한 많은 변형이 존재하며, 일부는 순간 이동을 하기 전에 사용자가 물리적인 방에 있는 것을 볼 수 있게 해서 사용자가 순간 이동 후에 가장 자연스러운 움직임을 허용할 수 있는 최적의 장소에 위치할 수 있게 한다. 다른 변형은 (플레이어가 순간 이동하는 곳에 떨어져야 하는 공처럼) 물리적 객체에 의해 텔레포테이션이 제어될 수 있게 하는 것이다. 이러한 물리적 성질은 사용자의 뇌가 빠르게 이어지는 다수의 순간 이동으로 순간의 이동보다 작은 단위의 가속을 느끼게 하는 초소형 텔레포트micro-teleporting를 방지할 수 있다.

UE4에서 텔레포테이션을 구현하는 방법을 알고 싶다면 5장, '텔레포테이션'을 참조한다.

장점

- 메스꺼움이 거의 일어나지 않음
- 플레이어가 물리적인 경계를 넘을 수 있게 함

단점

- 불편함을 유발할 수 있음
- 방향 감각을 상실할 수 있음
- 초소형 텔레포트를 통해 벡션을 지속적으로 일으킬 수 있음

변형

- 텔레포트하기 전에 게임 공간 시각화하기

- 물체를 텔레포트 비콘으로 사용하기(초소형 텔레포트 제거 가능)
- 노드 기반으로 만들기(플레이어가 고정된 위치로만 텔레포트 가능하게 만들기)

운송 수단

운송 수단을 통한 로코모션은 가상의 운송 수단(자동차, 선박 또는 기타 수단)을 사용자를 위한 기준 프레임으로 하는 일대일 방법이다. 운송 수단은 고정 지오메트리에 사용자를 캡슐화해 광학적 흐름을 감소시키기 때문에 벡션을 줄일 수 있다. 운송 수단 내부의 고정 기준 프레임을 가짐으로써 시뮬레이터 멀미를 줄일 수 있다. 플레이어는 자신의 전정 기관과 일치하는 세계를 통해 자신이 움직여진다기보다는 자신이 그 주변을 돌아다니고 있다고 무의식적으로 느끼기 때문이다. 운송 수단은 모든 경험에 적용할 수 있는 것은 아니다. 하지만 플레이어가 움직일 때 임시 그리드를 표시하는 변형 방법은 운송 수단을 사용하는 것과 동일한 그라운딩 이점을 제공할 수 있다.

장점

- 광학적 흐름의 감소에 따라 벡션이 줄음
- 그라운딩을 통해 메스꺼움의 가능성이 줄음

단점

- 많은 경험에 적합하지 않음

변형

- 사용자가 운송 수단과 동일한 그라운딩을 할 수 있도록 임시 그리드를 제공

물리

물리적physical 로코모션은 다른 로코모션 방법보다 더 새로운 경향을 나타내며 흥미진진한 새로운 게임 메커니즘으로 이어질 수 있다. 일반적으로 물리적 로코모션은 가상 세계에서 다른 동작으로 변환되는 실세계에서 일종의 물리적 행동을 수반한다. 예를 들어, 일부 모션 컨트롤러를 사용해 스키 게임에서 플레이어의 움직임을 제어하거나,

플레이어가 게임이나 경험에서 옆으로 움직이며 조깅하도록 할 수 있다. 대부분의 물리적 로코모션에는 인공적인 움직임으로 인한 벽션 문제가 여전히 있다.

하지만 그들이 실세계에서 이러한 행동을 했을 때 기대되는 것이 가상 세계에 표현되기 때문에 플레이어는 혼란을 덜 느끼게 된다.

장점

- 특정 게임에 적합한 새로운 이동 방법 제공
- 사용자가 모션을 기대하기 때문에 벽션을 줄일 수 있음

단점

- 허울뿐인 장치일 수 있음
- 민감한 사용자에게는 시뮬레이터 멀미의 원인이 될 수 있음

변형

- 스키 타기
- 등산하기
- 플라잉하기(날개 펄럭이기)
- 달리기
- 월드 당기기(모션 컨트롤러로 플레이어 주변의 것들을 끌어당기기)

인공

인공artificial 로코모션은 가상 세계로 적용된 실세계의 움직임이 거의 없다. 대신 게임 패드 썸 스틱과 같은 기존의 게임 입력에 의존한다. 제시한 로코모션 중에서 인공 로코모션이 가장 많은 시뮬레이터 멀미를 야기하나, 기존의 게임을 VR로 이식하는 가장 쉬운 방법일 수 있다. 인공 FPS(1인칭 슈팅 게임) 로코모션의 일부 변형으로는 가속을 제한해 벽션을 줄이는 것이다. 회전을 늘리거나 모두 비활성화하는 방법을 사용한, 인공 선회turning 사용 제한을 통해 회전 가속도를 없애는 것이 도움이 될 수 있다.

장점

- 플레이어의 물리적 공간에 의존하지 않고 자유롭게 움직일 수 있음
- 비VR 게임을 VR로 포팅하는 빠른 방법

단점

- 많은 플레이어의 시뮬레이터 멀미를 야기할 수 있음

변형

1. 스냅 터닝
2. 터렛^{Turret} 운동

로코모션 구현하기

이제, 일부 로코모션 방법을 구현해보겠다. 자연 로코모션은 이미 UE4가 해당 이동을 지원하는 헤드셋에서 포지션 트래킹을 지원해 엔진 수준에서 구현돼 있기에 여기서 다루지 않는다. 텔레포테이션은 VR에서 중요하기 때문에 한 장을 할애해 다룬다(5장 참조). 물리적 로코모션을 위해 9장의 뒷부분에서는 UE4 1인칭 템플릿^{First Person Template}을 위한 기본적인 제자리 뛰기^{running-in-place} 로코모션을 만드는 방법을 살펴볼 것이다. 이에 앞서, 스냅 터닝을 위한 1인칭 템플릿 적용을 살펴보겠다.

스냅 터닝을 위한 1인칭 템플릿

인공 로코모션에 대한 일반적인 방법은 전통적인 1인칭 컨트롤이다. 다행히 UE4의 기본 1인칭 템플릿은 이미 이를 구현했다. 따라서 스냅 터닝^{snap turning}과 같은 편의 기능을 필요로 하는 사용자에게 이를 추가하는 것은 매우 쉽다.

프로젝트 생성하기

UE4의 1인칭 템플릿에는 VR 지원을 위한 예비 작업이 이미 돼 있다. 그러나 완전히 호환되는지 확인하기 위해 스냅 터닝 기능을 구현하기 전에 몇 가지 사항을 변경해야 한다.

1. First Person Template를 기반으로 새로운 Blueprint 프로젝트를 생성한다.
2. FirstPersonCharacter Blueprint(FirstPersonBP > Blueprints)를 연다.
3. CameraRoot라는 이름의 Scene 컴포넌트를 추가한다.
4. 새로 추가된 컴포넌트의 Location에서 Z-axis를 -96으로 설정한다(그림 9.1 참조). 이렇게 하면 Camera가 땅에 있는 캐릭터의 접촉점을 기반으로 한다.

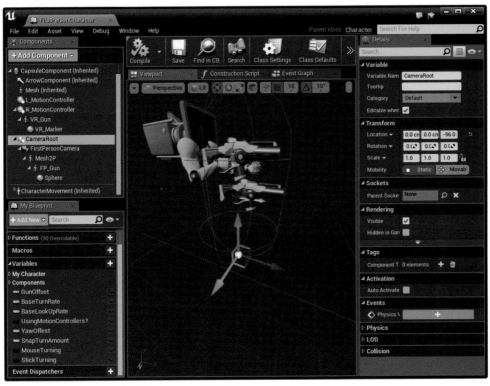

그림 9.1 FirstPersonCharacter: 새 CameraRoot 추가하기

5. CameraRoot 위에 FirstPersonCamera 컴포넌트를 드래그해 부모로 만든다.

6. 두 개의 Float 변수인 YawOffset과 SnapTurnAmount를 생성한다.

7. SnapTurnAmount를 위한 기본값을 15로 설정한다. 이것은 스냅 터닝이 꺾어내는 각도다.

8. 두 개의 새 Boolean 변수인 MouseTurning과 StickTurning을 생성한다. 이것은 나중에 사용자가 마우스 또는 게임패드를 돌리고 있는지 여부를 알려준다.

9. Event Graph에서 EventBeginPlay 노드를 찾고, UseControllerRotationYaw 노드 다음에 FirstPersonCamera 컴포넌트를 위한 새 게터를 생성한 후 그것에 SetUsePawnControlRotation을 호출한다. 이 값을 False로 설정하면 캐릭터가 헤드셋의 포지션 트래킹을 사용할 수 있다. 반대로 이 변수를 True로 설정하면 Camera가 더 쉽게 회전할 수 있다. 따라서 플레이어가 모니터를 사용할 때는 True로 남겨둔다.

10. 이번에는 SetTrackingOrigin 함수 호출인 새 노드를 만들고 Origin 입력을 Floor Level로 설정한다. 기본값을 Eye Level 트래킹 원점으로 해서 헤드셋의 트래킹 이슈를 해결한다.

11. UseControllerRotationYaw와 Branch 노드 사이에 새로 생성된 두 노드를 연결한다(그림 9.2 참조).

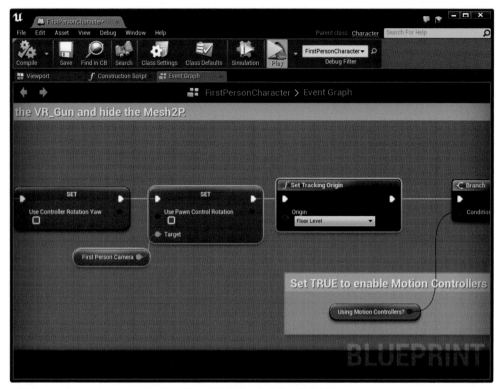

그림 9.2 FirstPersonCharacter: 포지션 트래킹 고정 및 새 트래킹 원점 강제 설정

스냅 터닝 구현하기

스냅 터닝을 구현하기 위해, 고정 증가량으로 Camera를 회전할 수 있는 새 함수를 생성해야 한다. 이를 위해 `YawOffset` 변수를 사용해 일반 터닝 방식을 사용하는 경우 캐릭터가 얼마나 터닝하는지 파악한다. 그리고 터닝 임계값을 초과하면 터닝 양을 임계값에 맞춘다.

1. Float과 Snap Amount, 이 두 개의 Float 입력을 가진 `AddControllerYaw` 함수를 생성한다(그림 9.3 참조). 그것을 연다.

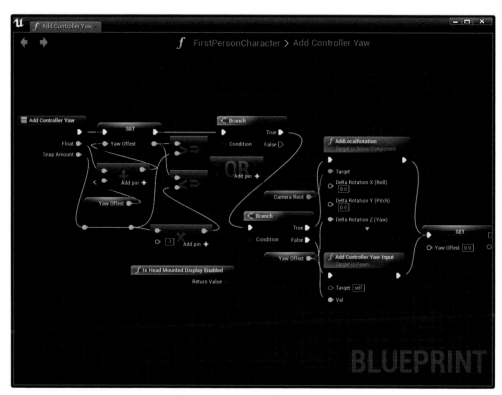

그림 9.3 FirstPersonCharacter: 스냅 터닝을 위한 커스텀 회전 함수

2. YawOffset 변수를 위한 새로운 게터와 세터를 생성한다. 세터의 입력 실행 핀
   을 함수의 입력 핀에 연결한다.

3. 함수의 Float 입력 핀에서 드래그해 새로운 Float + Float 노드를 추가하고
   YawOffset 게터를 두 번째 핀으로 전달한다.

4. Float + Float의 출력을 YawOffset 세터로 연결한다.

5. YawOffset 세터의 출력에서 드래그해 Float >= Float 함수를 호출하고
   Snap Amount 입력 핀을 함수의 두 번째 핀으로 전달한다.

6. YawOffset 세터의 출력을 다시 드래그해 Float <= Float 함수를 호출하고
   이번에는 Snap Amount 입력의 Float * Float과 -1(그림 9.3 참조)을 두 번째
   핀으로 전달한다.

7. >= 와 <= 함수의 출력을 OR 게이트와 연결한다. 즉, 입력이 스냅 크기보다 크거나 스냅 크기의 음수보다 작다면 나머지 함수가 트리거된다.

8. OR 게이트의 출력을 Condition 입력으로 연결하는 새로운 Branch 노드를 생성한다.

9. Branch의 입력 수행 핀을 YawOffset 세터의 출력 수행 핀에 연결한다.

10. Branch의 True 출력은 새로운 Branch 노드를 생성한 후, `isHeadMounted DisplayEnabled` 순수 함수 호출을 Condition 입력으로 연결한다(그림 9.3 참조).

11. 새 CameraRoot 게터를 생성해 `AddLocalRotation` 함수를 호출한다.

12. Delta Rotation 입력의 입력을 중단하고 `YawOffset` 변수를 Delta Rotation Z(Yaw)에 전달한다. 이렇게 하면 Camera의 Root 컴포넌트가 회전된다. HMD를 사용하는 동안 Camera를 직접적으로 회전할 수 없을 것이다.

13. 이 AddLocalRotation 노드를 Branch의 True 출력에 연결한다.

14. YawOffset에 대한 새로운 세터를 한 번 더 만든다. 이번에는 입력을 0.0으로 두고 AddLocalRotation의 출력에 연결한다.

15. Branch의 False 출력에서 드래그해 AddControllerYawInputfunction을 호출한다. 이어서 이전 단계에서와 동일한 YawOffset 세터로 출력을 연결하고, YawOffset을 전달한다.

16. Event Graph에서 'Stick input'이라는 주석을 찾은 다음 AddController YawInput에 대한 호출을 커스텀 `AddControllerYaw` 함수로 바꾸고 `SnapTurnAmount` 변수를 Snap Amount로 전달한다(그림 9.4 참조).

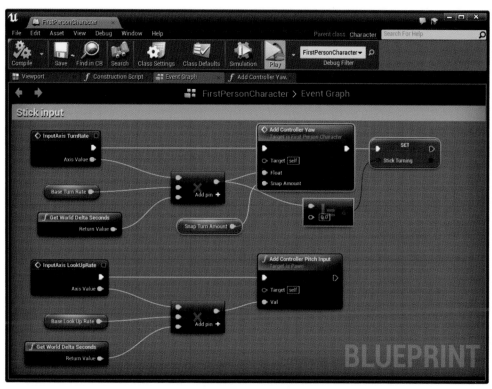

그림 9.4 FirstPersonCharacter: 기본 스틱 요(yaw) 터닝을 스냅 터닝 함수로 바꾼다.

17. 세 가지 방향의 Multiply에서 드래그해 새로운 Float != Float 노드를 만들고, AddControllerYaw 함수의 끝에 연결해 StickTurning 변수를 위한 새로운 세 터로 전달한다(그림 9.4 참조).

18. 'Mouse input'이라는 주석을 찾아 AddcontrollerYawInput의 호출을 커스 텀 함수로 다시 한 번 바꾼다. 같은 SnapTurnAmount 변수를 두 번째 입력에 다 시 전달한다(그림 9.5 참조).

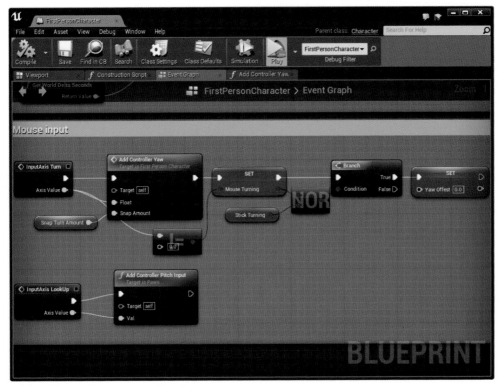

그림 9.5 FirstPersonCharacter:기본 마우스 요 터닝을 스냅 터닝 함수와 바꾼다.

19. InputAxisTurn의 Axis Value에서 드래그해 새로운 Float != Float 노드를 생성하고 AddControllerYaw 함수 호출의 끝에 연결해 출력을 MounseTurning 변수를 위한 새로운 세터에 전달한다.

20. 세터 호출의 빨간색 출력 핀에서 드래그해 새로운 NOR 게이트를 생성하고 StickTurning 변수를 두 번째 입력으로 전달한다.

21. 단계 19의 세터 출력에 연결된 새로운 Branch 노드를 생성하고 NOR의 출력을 Condition 입력에 전달한다. 이렇게 하면, 플레이어가 마우스나 조이스틱을 사용하지 않을 때 YawOffset 값을 0으로 재설정할 수 있다.

22. True 출력에서 드래그해 YawOffset 변수를 위한 새로운 세터를 생성하고 입력을 0.0으로 만든다(그림 9.5 참조).

23. 게임패드의 숄더 버튼을 사용해 사용자를 스냅하는 기능을 추가하려면,
    GameRightShoulder와 GamepadLeftShoulder를 위한 두 개의 새로운 입력
    이벤트를 생성한다(그림 9.6 참조).

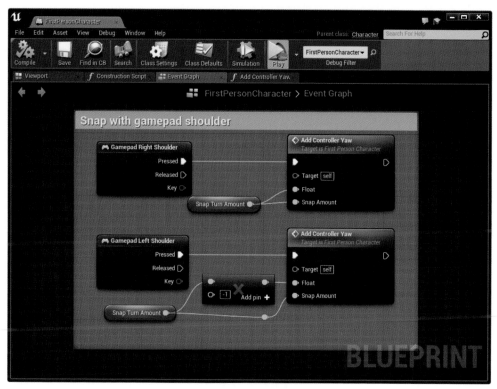

그림 9.6 FirstPersonCharacter: 게임패드의 숄더 버튼으로 스냅 터닝하기

24. GamepadRightShoulder 이벤트에서 `AddControllerYaw` 함수를 호출해 Float
    과 Snap Amount 입력에 SnapTurnAmount를 전달한다.

25. GamepadLeft Shoulder 이벤트에서 `AddControllerYaw` 함수를 다시 한 번 호
    출한다. 이번에는 SnapTurnAmount와 -1을 가진 Float * Float을 Float 입력
    핀으로 전달한다(그림 9.6 참조).

제자리 달리기를 위한 1인칭 템플릿

우리가 구현할 수 있는 쉬운 신체 운동 시스템은 기본적인 '제자리 달리기running in
place' 시스템이다. 헤드셋을 착용한 플레이어가 자리에서 위아래로 움직일 때, 가상의
플레이어는 게임 세계에서 앞으로 움직인다.

이러한 달리는 모션을 구현하기 위해, 이전 UE4의 1인칭 템플릿에서 스냅 터닝을 추
가한 앞 절부터 이어서 살펴보자.

1. FirstPersoncharacter Blueprint(FirstPersonBP > Blueprints)를 연다.

2. HMDVelocity와 PreviousHMDPosition이라는 두 개의 새로운 Vector 변수를
   생성한다. 이 변수들은 현재 HMD 속도와 이전 프레임의 헤드 위치를 가지고
   있다. 속도를 계산하는 데 도움이 될 것이다.

3. 이번에는 다른 새로운 Vector 변수를 생성한다. 이 변수를 배열로 만들고 이
   름을 PreviousVelocities로 지정한다. 이것은 사용자 헤드로부터 발생할 수
   있는 고주파 모션을 부드럽게 만든다.

4. RunningSpeed, RunningThreshold, RunningMultiplier라는 세 개의 새로운
   Float 변수를 생성한다. RunningSpeed는 플레이어의 헤드 움직임 기준 현재
   목표 이동 속도다. RunningThreshold는 RuningSpeed의 양으로 RuningSpeed가
   플레이어의 움직임에 추가돼야 하는 양 이상이어야 한다. RunningMultiplier
   는 플레이어의 헤드 속도를 확대/축소해 플레이어의 헤드 속도를 움직일 수
   있는 합리적인 거리로 조절 가능하다(그림 9.7 참조).

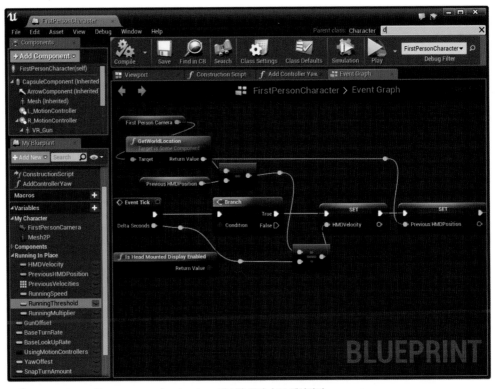

그림 9.7 FirstPersonCharacter: running-in-place 변수와 초기 속도 계산하기

5. RunningThreshold의 기본값을 1.5로 설정하고 RunningMultiplier의 기본값은 0.05로 설정한다.

6. Event Graph에서 EventTick을 드래그해 새로운 Branch 노드를 생성하고 새로운 IsHeadMountedDisplayEnabled 함수 호출을 Condition 입력으로 연결한다.

7. Branch의 True 출력 핀에 연결해 HMDVelocity 변수에 대한 새로운 세터를 생성한다.

8. FirstPersonCamera 컴포넌트를 위한 새로운 게터를 생성하고 GetWorldLocation 함수를 호출한다.

9. 함수 호출의 Return Value에서 드래그해 새로운 Vector - Vector 모드를 생성하고 `PreviousHMDPosition` 변수를 위한 게터를 두 번째 입력에 전달한다. 이것은 이전 HMD 위치와 현재 위치 사이의 거리를 계산하게 된다.

10. Vector-Vector 노드에서 드래그해 새로운 Vector / Float 노드를 생성하고 EventTick에서 Delta Seconds를 전달한다(그림 9.7 참조). 이렇게 하면 센티미터 단위의 Vector - Vector로부터의 차이가 초당 센티미터 단위 속도로 변환된다.

11. Vector / Float의 출력을 HMDVeclocity 세터의 입력으로 연결한다.

12. HMDVelocity 세터 후에 `PreviousHMDPosition` 변수를 위한 새로운 세터를 생성하고 단계 8의 GetWorldLocation을 전달한다.

13. `PreviousHMDPosition` 세터 후에 `PreviousVelocities` 배열을 위한 새로운 게터를 생성하고 `Insert` 함수를 호출한다.

14. `HMDVelocity` 변수를 위한 새로운 게터를 생성하고 배열 삽입의 입력 핀에 전달한다. 그러면 현재 HMD 속도가 `PreviousVelocities` 배열의 첫 번째 섹션에 추가된다.

15. PreviousVelocities에 대한 새로운 게터를 다시 한 번 생성하고 `Resize` 함수를 호출한다. 숫자 5를 입력 핀에 전달하고 이를 배열 삽입의 출력 실행 핀에 연결한다(그림 9.8 참조). 이렇게 하면 평균 다섯 개 이상의 프레임을 보유할 평균 배열이 생길 것이다.

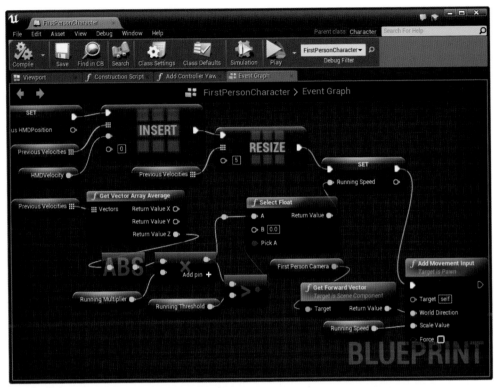

그림 9.8 FirstPersonCharacter: 제자리 달리기 다섯 프레임 속도 평균화 및 움직임 입력 추가하기

16. **PreviousVelocities** 변수에 대한 마지막 게터를 생성하고 **GetVectorArray Average** 함수를 호출한다.

17. 함수의 **Return Value**를 마우스 오른쪽 버튼으로 클릭하고 구조체 핀을 분할한다.

18. **Return Value Z**에서 드래그해 Absolute (float) 함수를 호출한다. 이렇게 하면 플레이어가 위로 움직이는지 아래로 움직이는지 여부를 무시할 수 있다.

19. Absolute의 출력에 연결돼 새로운 Float * Float 노드를 생성하고, **RunningMultiplier** 변수를 위한 새로운 게터를 두 번째 핀에 전달한다.

20. Float * Float 노드의 출력에서 드래그해 **SelectFloat** 함수를 호출한다. 이렇게 하면 머리 움직임이 임계값을 초과한다는 것을 보장한다.

21. Float * Float 노드를 다시 한 번 드래그해 새로운 Float 〉 Float 노드를 생성하고 `RunningThreshold`를 두 번째 핀으로 전달한다.

22. Float 〉 Float 노드를 SelectFloat의 Pick A 입력 핀에 연결한다. 이렇게 하면, 플레이어의 헤드 속도가 임계값 아래에 있는 한 움직이는 속도는 0이 된다.

23. `RunningSpeed` 변수를 위한 새로운 세터를 생성하고 `Resize` 함수의 출력 실행 핀에 연결한다.

24. SelectFloat의 출력을 이 세터의 녹색 입력 핀에 전달한다.

25. 실제로 플레이어를 이동하기 위해, 우선 `AddMovementInput` 함수를 호출한다.

26. FirstPersonCamera 컴포넌트를 위한 새로운 게터를 생성하고 Forward Vector를 가져와서(그림 9.8 참조), `AddMovementInput` 함수의 World Direction으로 전달한다.

27. `RunningSpeed` 변수에 대한 새 게터를 생성하고 AddMovementInput의 Scale Value로 전달한다.

이제 당신이 선호하는 HMD가 연결된 상태에서 **Play**를 클릭하고, 위치 추적이 지원된다면 제자리에서 움직임으로써 당신의 캐릭터가 움직이는지 확인해보자.

요약

우리는 이 장에서 시뮬레이션 멀미simulation sickness와 그러한 현상을 일으키는 잠재적인 원인의 일부를 이해했다. 또한 현존하는 VR 이동 방법과 UE4에서 구현하는 일부 방법을 알게 됐다.

연습 문제

지금까지 다루지 않은 유일한 이동 방법은 차량이다. 에픽은 VR을 완벽하게 지원하는 드라이빙 템플릿을 가지고 있다. 이 템플릿을 사용해 새 프로젝트를 생성하고, 축소된 광학 흐름이 시뮬레이션 메스꺼움에 도움이 되는지 확인해보자.

VR 최적화

10장에서는 VR의 렌더링 요구 사항을 다룬다. 이러한 요구 사항은 기존 모니터의 요구 사항과 다르지만, 이러한 요구에 대한 매체의 부담을 덜어주기 위해 몇 가지 트릭을 구현할 수 있다.

VR 렌더링 요구 사항 ▰▰▰▰▰▰▰▰

VR 씬scene을 렌더링하면 기존 게임 또는 경험을 렌더링할 때 없었던 많은 새로운 이슈와 도전 과제들에 직면하게 된다. VR은 시뮬레이터 멀미를 피하기 위해 낮은 지연 시간 렌더링에 대한 요구가 엄격하다. 그러나 과거에는 렌더링 파이프라인의 지연 시간이 더 높은 성능의 엔진을 추구하는 경쟁 때문에 종종 희생됐다.

이상적인 VR 경험은 20ms 미만의 모션 투 포톤motion-to-photon 시간(모션 감지 센서로부터 화면에 표시돼 사용자가 볼 때까지 걸리는 시간)을 필요로 한다. 이러한 엄격한 요구 사항을 충족하기 위해 높은 리프레시 비율 패널(60~90Hz에서 120Hz까지)을 사용해야 한다. 그러나 높은 리프레시 비율 패널만으로 충분하지 않다. VR 헤드셋 디스플레이가 사용자의 눈에 가깝기 때문에(몇 센티미터 정도 떨어져 있고 돋보기처럼 작동하는 렌즈가 있음) 경험을 손상하지 않기 위해서는 충분히 높은 해상도의 디스플레이를 필요로 한다. 따라서 1920×1080에서 2560×1440까지의 디스플레이 해상도와 60Hz에서 120Hz까지의 리프레시 비율로 볼 수 있어야 한다. 이러한 숫자는 일반 게임 관점으로 볼 때 높은 수치지만, 다른 관점도 있을 수 있다.

어느 정도의 VR 렌더링이 가능한지에 대한 아이디어를 얻으려면 VR 렌즈가 작동하는 방법과 이유를 알아야 한다. 간단히 말해, 실세계의 사물에 초점을 맞추기 위해 눈의 근육은 눈의 렌즈를 밀고 당겨 특정 광선을 망막에 수렴시킨다. 그러나 이러한 근육은 눈 가까이에 있는 사물에 초점을 맞출 수 없다. 불행히도, 헤드 마운트 디스플레이의 경우 이것은 나쁜 소식이다. 높은 FOVfield of view(시야각)를 확보하려면 디스플레이가 눈 가까이에 있어야 한다. 이에 대응하기 위해 사용자의 눈과 디스플레이 사이에 렌즈를 넣을 수 있다. 렌즈는 디스플레이에서 나오는 빛을 구부리고 화면이 실제보다 더 멀리 있다고 생각하도록 눈을 속여서 초점 문제를 해결한다. 그러나 이러한 렌즈는 완벽하지 않으며, 실제로는 디스플레이에서 나오는 이미지를 왜곡시킨다. 이에 대응하기 위해, 가능한 한 정확한 세계를 느끼게 하려고 반대의 왜곡으로 가상 이미지를 렌더링한다(그림 10.1 참조).

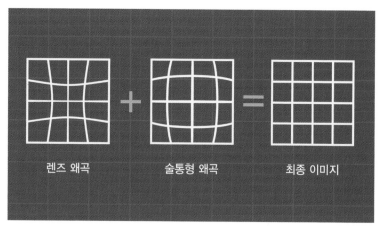

그림 10.1 VR 렌즈 왜곡 보정

모두 훌륭하고 좋지만, 술통형barrel 왜곡은 실제로 이미지의 인식 해상도를 손실시킨다. 이러한 품질 손실을 보완하기 위해, 많은 VR 게임과 경험은 디스플레이 기본 해상도의 1.3배에서 1.5배를 렌더링한다(UE4에서는 이것을 화면 비율screen percentage이라하며, 경험의 성능을 조정하는 데 중요한 역할을 한다).

따라서 VR 경험이 얼마나 까다로운지 알아보는 계산을 돌아보면, 모든 것을 1.5배로 늘려야 한다. Rift CV1과 Vive(두 헤드셋 모두 각각 1080×1200의 두 화면을 갖는다.)의 경우 총해상도는 2160×1200×1.5이므로 3240 * 1800이고, 초당 90프레임 또는 초당 약 350만 픽셀이다! 그에 반해, 초당 60프레임의 1080p 게임은 초당 124만 픽셀에 불과하다.

지연 시간 완화

앞에서 살펴본 것처럼, VR 헤드셋의 지연 시간은 편안함과 돋보이는 VR 경험 여부에 따라 상당히 나쁜 결과를 가져올 수 있다. 이 요구 사항은 이전에 출시된 다른 모든 미디어보다 VR에 훨씬 더 중요하다. 렌더링 파이프라인에서 지연 시간의 주요 원인을 줄이거나 없애는 데 도움이 되는 다양한 기법이 있다. 10장에서는 두 가지 주요 기술인 타임워프timewarping/재투영reprojection과 프론트 버퍼 렌더링front buffer rendering을 살펴본다.

타임워프/재투영과 프론트 버퍼 렌더링이 정확히 무엇인지 알아보기 전에, 이러한 기능이 사용자의 경험에 어떻게 적용되는지 더 잘 이해할 수 있도록 렌더링 파이프라인을 빠르게 살펴보자(렌더링에 초점을 맞추지 않는 개발자는 이러한 세부 사항을 거의 다루지 않으며 UE4가 이를 훌륭하게 구현했지만, 발생할 수 있는 문제를 진단하는 데 도움이 되는 핵심 사항을 배우는 것은 여전히 중요하다).

게임에서는 프레임을 렌더링하기 위해 많은 부분이 최종 프레임을 생성하기 위해 함께 작동한다. CPU에서는 사용자 입력을 폴링하고 게임을 동작시키고(물리 시뮬레이션, 인공지능 이동 계산 등), 궁극적으로 GPU에서 수행할 드로우 콜$^{draw\ call}$을 GPU에 보낸다. GPU가 드로우 콜에 대한 렌더링을 마친 후에는 사용자가 볼 수 있는 화면에 이미지를 표시하기 위해(왼쪽에서 오른쪽으로, 위에서 아래로) 스캔아웃으로 디스플레이에 표시한다. 그림 10.2가 이에 대한 단순한 버전이다.

> **노트**
>
> 대부분의 VR 헤드셋은 사용자가 '불량' 정보를 보는 것을 방지하기 위해 다음 디스플레이가 새로 고쳐지기 전 1초도 남지 않을 때까지 이미지를 사용자에게 보이지 않고 건너뛰는 저잔상(low-persistence) 기술을 구현한다. 그러나 이 절의 나머지 부분에서는 단순화를 위해 전통적인 디스플레이를 사용한다고 가정한다.

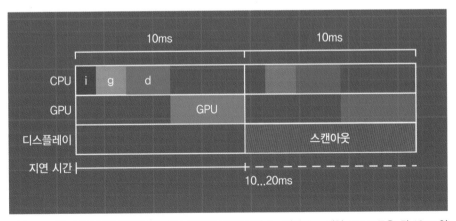

그림 10.2 한 프레임 지연 시간을 갖는 단순 렌더링 파이프라인. i = 입력, g = 게임, d = 드로우. 각 10ms 열은 100Hz 디스플레이의 단일 새로고침을 표시한다.

그림 10.2는 성능 측면에서 가장 최적의 설정은 아니다. GPU와 CPU가 서로가 끝나기를 기다리는 동안 아무것도 하지 않는 긴 다운 기간이 있다. 또한 입력(i)과 스캔아웃으로부터 전체 지연 시간 프레임이 있다는 것을 주목하자.

이러한 문제를 해결하기 위해, 그림 10.3과 같은 파이프라인 아키텍처를 도입해 성능 거품(비활성 영역)의 해결을 시도할 수 있다.

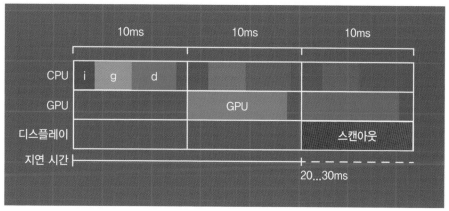

그림 10.3 두 개의 프레임 지연 시간과 파이프라인 아키텍처를 갖는 단순 렌더링 파이프라인. i = 입력, g = 게임, d = 드로우. 각 10ms 열은 100Hz 디스플레이의 단일 새로고침을 표시한다.

그림 10.2와 비교해, 그림 10.3은 CPU와 GPU를 더 잘 활용한다. CPU가 다음 프레임을 위한 작업을 시작하는 동안 GPU가 이전 프레임을 렌더링하기 때문에 동일한 10ms 간격을 공유할 필요가 없다. 그러나 또 다른 완전히 새로운 지연 시간 프레임이 있음을 확인할 수 있다.

성가신 드로잉 작업이 10ms 윈도우의 렌더링 시간을 너무 많이 차지하기 시작하면 또 다른 이슈가 발생한다. 다행히 우리는 멀티코어 CPU를 가지고 있다. 다른 지연 시간 프레임을 기꺼이 포기할 것이라면(사실 많은 게임 엔진이 이러한 절충을 한다.) 다음 프레임의 입력과 게임 계산이 있는 동안 별도의 코어에서 그리기 작업을 실행할 수 있다(그림 10.4 참조).

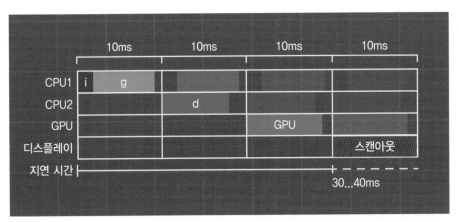

그림 10.4 그리기 작업을 위한 프레임이 있는 세 개의 프레임 지연 시간 및 파이프라인 아키텍처를 갖는 단순 렌더링 파이프라인. i = 입력, g = 게임, d = 드로우. 각 10ms 열은 100Hz 디스플레이의 단일 새로고침을 표시한다.

그러나 이것이 그 경우일 필요가 없다는 것이 밝혀졌다. 대부분의 경우, 그림 10.4의 세 가지 프레임 지연 시간을 줄일 수 있다. 그리기 작업을 GPU에서 충분히 먼저 시작해 CPU가 GPU 데이터에 대한 약간의 지연만으로 시작할 수 있다(전체 프레임 지연 시간을 얻으려는 좋은 절충이다. 그림 10.5 참조).

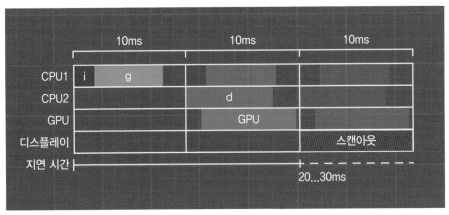

그림 10.5 두 개의 프레임 지연 시간과 그리기 및 GPU 병렬을 수행하는 파이프라인 아키텍처를 가진 단순 렌더링 파이프라인. i = 입력, g = 게임, d = 드로우. 각 10ms의 열은 100Hz 디스플레이의 단일 새로고침을 표시한다.

그림 10.5를 통해 성능과 지연 시간 사이에 균형이 잘 잡힌 것을 확인할 수 있다. 그렇다면 더 좋은 성능과 지연 시간을 이끌어낼 수 있을까? 답은 '그렇다.'이다. 당신의 혜안은 GPU가 드로우 콜을 기다리는 동안 연산 활동이 없는 버블을 확인했을 것이다. 그리고 그 버블을 활용할 수 있는 일이 없는지 궁금할 것이다. 그렇다. 실제로 Oculus와 Valve는 각각 Adaptive Queue Ahead와 Running Start라고 불리는 것을 버블 시간에 처리한다. 이 기술을 그림 10.5에서 설명해보면, 모든 드로우 콜을 처리할 수 있도록 대부분의 GPU 시간을 주기 위해 초록색으로 표시된 드로우 태스크를 두 번째 프레임 앞으로 이동시키는 것이다.

이 기술은 CPU와 GPU의 사용을 최적화하기에는 좋지만, 입력 지연 시간은 어떨까? 결국 VR의 지연 시간은 줄어든다. 동의하는가? 그렇다. 이 기술에 도움이 되는 몇 가지 방법이 있다. 먼저, 각 프레임의 시작에 입력이 폴링되고 있는지 확인한다. 파이프 라이닝이 없는 최상의 경우에도 여전히 전체 프레임 지연 시간이 있다. 왜 프레임이 끝날 때까지 입력 폴링을 움직일 수 없을까? 글쎄, 사실은 할 수 있다. 사실 UE4가 Camera 컴포넌트와 Lock된 HMD 플래그, Low Latency Update 플래그인 Motion Controller 컴포넌트를 사용해서 동작하는 것과 동일하다. 이러한 종류의 입력 지연 시간 업데이트가 그림 10.6에 나와 있다.

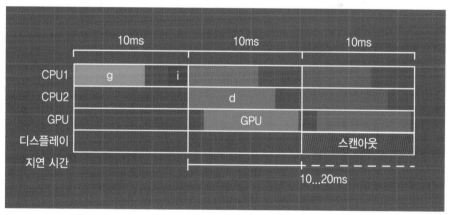

그림 10.6 한 프레임 지연 시간과 그리기 및 GPU를 병렬로 실행하는 파이프라인 아키텍처를 갖는 단순 렌더링 파이프라인. i = 입력, g = 게임, d = 드로우. 각 10ms 열은 100Hz 디스플레이의 단일 새로고침을 표시한다.

전에 비해서는 지금이 좋지만, 좀 더 개선할 수 있는 방법이 있다. 타임워프다. 타임
워프의 기본 아이디어는 GPU로부터 렌더 데이터인 이미지를 가져와서 새로운 입력
을 기반으로 카메라를 회전해 이미지를 변환하는 것이다. 그림 10.7의 첫 렌더링 부
분에서 볼 수 있듯, 헤드셋의 회전 지연 시간을 2ms로 줄일 수 있다(모든 SDK/런타
임이 타임워프를 구현하는 것이 아니며, 각각의 구현은 다르다. 원하는 경험에 적절한 타임
워프를 선택하기 위해 차이점을 잘 알아두도록 한다. 또한 이 기능은 엔진뿐 아니라 다양한
런타임을 통해서도 활성화될 수 있다. 그 경우에 개발자는 타임워프를 위해 아무것도 할 필
요가 없다).

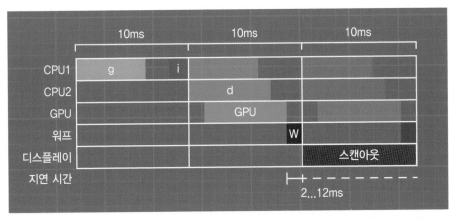

그림 10.7 타임워프로 회전 지연 시간이 한 프레임 미만인 간단한 렌더링 파이프라인. i = 입력, g = 게임, d =
드로우. 각 10ms의 열은 100Hz 디스플레이의 단일 새로고침을 표시한다.

마지막으로 살펴볼 것은 다음과 같다. 이전에는 GPU가 디스플레이에 렌더링한 프레
임을 표시한다고 말했지만, 완전한 사실은 아니다. 사실 지금까지 GPU가 수행한 작
업은 백 버퍼^{back buffer}라 불리는 곳에 렌더링하는 것이다. 디스플레이가 실제로 읽는
공간인 프론트 버퍼는 GPU에 직접적인 영향을 받지 않는다. 이는 디스플레이가 새
로고침되는 방식(왼쪽에서 오른쪽, 위에서 아래로)과 GPU가 씬에서 지오메트리를 렌
더링하는 방식의 차이 때문이다. GPU는 디스플레이가 하는 것처럼 왼쪽 상단에서
오른쪽 하단으로 깔끔하게 렌더링하지 않는다. 대신 화가가 캔버스에 스트로크를 그
리는 것처럼, CPU에서 가져오는 각 그리기 호출을 차례로 수행해 렌더링한다. 따라
서 디스플레이가 읽는 버퍼에 직접 렌더링하게 되면 성가신 문제가 발생할 수 있다.

즉 렌더링이 끝나기 전에 디스플레이에 새 프레임이 표시되기 시작하면, 게임 화면의
전체 지오메트리가 포함되지 않고 일부 누락된 불완전한 이미지가 디스플레이에 표
시될 수 있다. 이를 해결하기 위해 백 버퍼가 도입됐다. GPU는 백 버퍼에 렌더링하고
디스플레이가 새 이미지를 받을 준비가 되고 새로운 이미지가 준비됐을 때 두 버퍼를
교체한다. 프레임이 완료되지 않은 경우, GPU는 이전 이미지를 다시 표시하고 불완
전한 이미지는 표시하지 않을 수 있다.

왜 이것이 중요한가? 타임워프 연산은 왼쪽에서 오른쪽, 위에서 아래로 이미지를 생
성한다. 실제로 타임워프가 적용될 때, 이중 버퍼링double buffering이 필요하지는 않다.
디스플레이 새로고침 주기를 기준으로 생각할 때, 타임워프를 하는 데 시간은 충분하
기 때문이다. 이 기술은 프론트 버퍼 렌더링 혹은 스캔라인 레이싱scanline racing이라 불
리고, Gear VR과 Daydream VR에 구현돼 있으며 꽤 깔끔하게 사용할 수 있다. 이미
지가 스크린에 표시되기 밀리 초 전에 이미지를 와핑하기 때문에, 디스플레이가 새로
고침되면 와핑에 필요한 입력을 갱신할 수 있는 기회가 생긴다. 거의 한 줄 단위로 디
스플레이로 갈 최신 정보를 와핑할 수 있다. 그림 10.8은 실제 Gear VR이 두 개의 와
핑을 각 프레임마다 렌더링하고 수행하는 방법을 보여준다.

프론트 버퍼 렌더링은 Gear VR에서 기본적으로 활성화돼 있다. 그러나 Daydream
VR에서는 수동으로 활성화해야 한다(그림 10.9 참조).

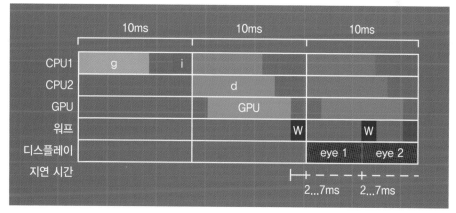

그림 10.8 타임워프와 프론트 버퍼 렌더링으로 인해 회전 지연 시간이 한 프레임 미만인 간단한 렌더링 파이프
라인. 타임워프는 각 프레임당 두 번 업데이트된다. i = 입력, g = 게임, d = 드로우. 각 10ms의 열은 100Hz 디
스플레이의 단일 새로고침을 표시한다.

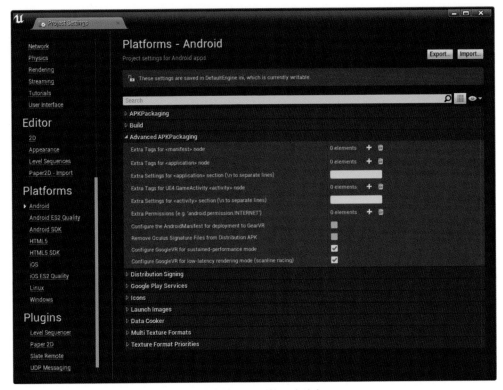

그림 10.9 Daydream VR에서 스캔라인 레이싱을 활성화하기 위한 구성 설정

성능 향상

렌더링 기술의 다른 영역은 VR 경험에 도움이 되기 위해 빠른 시간에 렌더링하거나 적은 리소스로 동일한 결과를 얻는 것을 목표로 한다.

이러한 최적화는 게임의 다른 측면(그림자 또는 멋진 Materials)을 렌더링해 가상 세계를 더 현실적으로 보이게 할 뿐 아니라, 저사양 하드웨어에서도 현재의 경험을 실행할 수 있기 때문에 중요하다. 이는 특히 모바일 VR에서 중요하며 VR의 진입 장벽을 낮춰 더 많은 사람들에게 고품질의 경험을 제공할 수도 있다.

프레임이 타이밍을 맞추는 방법과 최소의 지연 시간을 위해 CPU와 GPU에서 렌더링 옵션을 호출하는 최적의 시점을 살펴봤다. 이제 프레임 렌더링 방식을 바꿈으로써 어떤 종류의 성능 절감 효과를 얻을 수 있는지 알아보기 위해, 프레임이 실제로 어떻게 렌더링되는지를 살펴보겠다.

포워드 VS 디퍼드

가장 일반적인 형태의 게임 세계는 공간에 존재하는 수천 개의 개별 1차원 점, 즉 정점으로 구성된다. 그러나 이것은 현실적인 3D 세계를 만드는 데 도움이 되지 않는다. 플레이어에게 완전히 3차원 세계를 보는 감각을 전달하기 위해 우선 이 점을 2차원 삼각형으로 그룹화한다. 3D 환경에서 이러한 삼각형을 결합하면 사용자는 세계에서 사물의 모양을 인식할 수 있다. 이 모양은 사물의 형태에 대한 제한적인 시야만을 전달한다. 따라서 3D 세계에서 객체가 어떻게 존재하는지에 대한 진정한 의미를 얻기 위해 셰이딩shading을 사용한다. 셰이딩은 게임 세계의 사물과 빛이 어떻게 인터랙션하는지 플레이어에게 보여주기 위한 것이다. 게임에서 이 빛을 어떻게 얻는지 알아보기 전에 빛 단계까지 이어지는 과정을 살펴본다.

게임에서 렌더링은 프로그래밍이 가능한 파이프라인programmable pipeline에서 동작한다. 즉 그래픽스 API로 (예전의 고정 파이프라인과 달리) 게임 개발자가 플레이어의 화면에 보일 최종 이미지를 만들기 위해, 정점과 프래그먼트(픽셀을 생성하는 데 사용할 수 있는 데이터)가 처리될 방법을 제어할 수 있다는 것이다.

현재 그래픽스 API는 게임 세계의 최종 픽셀 값이 사용자에게 표시되기 전에 여러 가지 셰이더shader를 연결할 수 있다. 우리는 두 개의 셰이더, 정점 셰이더와 프래그먼트/픽셀 셰이더를 중심으로 살펴볼 것이다.

간단한 애플리케이션에서 정점 셰이더는 게임 세계의 개별 지오메트리 조각을 정점 입력으로 받고 필요한 모든 변환transformation을 수행해 프래그먼트 셰이더에 적합한 형식(객체 공간에서 화면 공간으로 변환하고 가상 카메라에 투시 투영을 적용)으로 바꾼다.

이 단계가 끝나면 몇 가지 옵션이 있다. 두 옵션은 UE4 애플리케이션에 적용할 수 있는 포워드 렌더링과 디퍼드 셰이딩deferred shading이다.

포워드 렌더링

기존 포워드 렌더링 설정에서 다음 단계는 매우 간단하다. 프래그먼트 셰이더는 정점 셰이더의 출력을 입력으로 받는다. 실제로는 지오메트리 셰이더라고 하는 중간 셰이더가 있지만 간단하게 생각한다. 이 정점 셰이더를 사용하면 플레이어에 표시될 수 있는 모든 잠재적 픽셀을 반복할 수 있다. 이 잠재적 픽셀 조각을 프래그먼트라고 부르며, 프래그먼트 셰이더에서 수행하는 작업은 프래그먼트를 가져와서 음영 처리하거나 화면에 표시될 픽셀의 최종 색상을 계산하는 것이다(그림 10.10 참조).

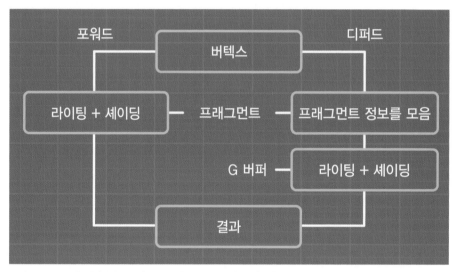

그림 10.10 포워드 렌더링 VS 디퍼드 셰이딩. 포워드 렌더링의 접근법은 프래그먼트 셰이더에서 모든 라이팅을 수행하고, 디퍼드 셰이딩은 각 프래그먼트의 정보를 나중에 씬을 그릴 때 사용할 버퍼에 넣음

이러한 프래그먼트를 셰이딩하는 데 사용할 수 있는 많은 기술이 있다. 각 기술에 공통적으로 필요한 몇 가지가 있다. 먼저, 정점 데이터를 사용해 프래그먼트가 속한 삼각형의 바깥 방향(법선이라고 함)을 계산할 수 있어야 한다. 이것은 씬에 속한 모든 빛에 대해 반복 연산을 수행할 수 있게 하고 광원의 방향과 삼각형의 바깥 방향을 비교할 수 있게 한다. 따라서 빛이 특정 표면에 얼마나 많은 영향을 미치는지 계산할 수 있다. 그 후, 정점 데이터를 한 번 더 사용해 프래그먼트의 월드 공간 좌표를 찾고 빛이 떨어져 있는 거리에 따라 빛 영향력을 측정할 수 있다.

포워드 렌더링에 익숙한 사람들은 이 접근법에 대해 다소 최적이 아닌 것들이 있음
을 알게 될 것이다. 먼저, 특정 빛에 의해 프래그먼트가 거의(혹은 전혀) 영향을 받지
않더라도, 셰이딩 처리된 모든 프래그먼트에 대해 씬의 모든 빛을 반복해야 한다. 이
러한 반복 작업은 각 빛의 영향 반경(감쇄)을 확인함으로써 부분적으로 피할 수 있다.
즉 각 빛이 프래그먼트까지 도달하는지 확인하고, 도달하지 못한 빛은 제외시킨다.
그러나 나중에 설명하겠지만, 더 나은 방법이 있을 수 있다. 이러한 기본 포워드 렌더
링의 또 다른 문제점은 지오메트리에 완전히 빛을 적용하고 래스터화하더라도 이후
의 렌더링에서 다른 지오메트리에 의해 완전히 덮일 수 있다는 점이다. 이는 삼각형
이 씬에서 렌더링되는 방식 때문이며 사용자가 보지 않는 부분에 GPU 시간을 낭비
하게 한다.

이 현상은 오버드로우^{overdraw}로 알려져 있으며, 이 비효율 때문에 기본 포워드 렌더링
의 성능은 지오메트리에 동적 조명 수를 곱한 값으로 제한된다.

게임에서 리얼리즘에 대한 탐구가 계속됨에 따라, 동적 빛의 수에 대한 이러한 한계
는 병목 지점이 되기 시작했다. 이에 따라 2000년대 중반에 빛의 수와 게임 세계의
기하학적 복잡성 사이의 종속성을 제거한 셰이딩에 대한 디퍼드 접근 방식이 큰 인기
를 얻었다.

디퍼드 셰이딩

포워드 렌더링과는 달리, 디퍼드 셰이딩은 앞으로의 예제에서 프래그먼트 셰이더를
가져오고, 화면에 보여질 최종 픽셀을 출력하는 대신 렌더 타깃 또는 버퍼에 프래그
먼트 정보를 출력한다. 그런 다음 셰이딩, 조명과 결합돼 최종 픽셀 정보를 출력한다
(따라서 조명/셰이딩 단계를 지연시킨다). 그림 10.10을 참조하자. 이러한 버퍼를 지오
메트리 버퍼(G 버퍼G-buffer)라고 한다. 그림 10.11에서 UE4가 생성한 G 버퍼의 예를
볼 수 있다.

그림 10.11 언리얼 엔진 레벨 예제의 샘플 G 버퍼

일반적으로 디퍼드 렌더링은 값비싼 조명 작업의 오버드로우를 없앨 수 있지만(조명
이 완료되기 전에 씬의 깊이 맵을 생성해, 가장 가까운 프래그먼트에서만 조명 계산을 수행
하도록 함) 문제가 없는 것은 아니다. 이를 허용하는 깊이 버퍼는 투명한 오브젝트의
렌더링을 어렵게 만든다. 깊이 버퍼는 단일 깊이 값만 나타낼 수 있기 때문에, 빛을

계산하기 위해 다중 깊이가 필요할 수 있는 오브젝트(예: 반투명 오브젝트)는 디퍼드 렌더링에서 쉽게 표현할 수 없다.

이 문제를 해결하기 위해 많은 디퍼드 렌더링 구현이 투명한 객체에 대한 포워드 렌더링으로 돌아갈 필요가 있다. 즉, 투명 오브젝트와 불투명 오브젝트 각각에 대해 두 번의 기하학 래스터화가 필요하다(이 책의 범위를 벗어나지만, UE4는 각 투명 오브젝트에 대해 구형 조화spherical harmonic를 실제로 생성해 조명을 근사화하고 후처리post processing 를 통해 반투명 오브젝트를 씬에 구성할 수 있게 한다).

선택할 수 있는 접근 방식: 포워드 또는 디퍼드 방식?

데스크톱 애플리케이션의 경우 UE4는 기본적으로 디퍼드 렌더러를 구현한다. 이는 G 버퍼를 사용하면 게임을 매우 현실감 있게 만들어주는 멋진 렌더링 트릭을 만들 수 있기 때문이다(예: 스크린 공간 반사SSR, Screen Space Reflection, 스크린 공간 서브 표면 산란SSSS, Screen space Subsurface Scattering, 스크린 공간 주변 오클루전SSAO, Screen Space Ambient Occlusion, 등). 그러나 이러한 효과는 계산 비용이 많이 들고 VR 경험의 렌더링 요구 사항이 너무 높기 때문에 대부분의 경우 이러한 효과를 사용할 수 없다. 또한 이러한 효과는 스크린 공간에서 계산되므로 VR에 가장 적합하지 않을 수 있는데, VR의 스테레오 특성으로 인해 스테레오 불균형이 생겨 사용자에게 불편함을 줄 수 있기 때문이다.

또한 포워드 렌더링을 사용하면, UE4가 디폴트로 구현하는 후처리 TAA(임시 안티 앨리어싱temporal anti-aliasing)에 비해 하드웨어 기반 MSAA(다중 샘플 안티 앨리어싱multi-sample anti-aliasing)를 좀 더 쉽게 구현할 수 있다. 더 세밀한 이미지를 생성할 수 있으므로 MSAA는 VR에 더 적합할 수 있다. 이것은 지오메트리의 가장자리에만 영향을 미친다. 즉, 동일한 이미지 선명도에 대해 더 낮은 화면 비율을 사용해 전체 렌더링 비용을 줄일 수 있다.

그러나 어떤 경우에는 표준 포워드 렌더링의 한계가 개발자에게 어려운 과제가 되기도 한다(주로 많은 동적 빛 처리의 비효율성). 이를 극복하기 위해 수백만 개의 동적 빛을 효율적으로 처리하는 것을 목표로 하는 포워드 및 디퍼드 렌더링에 대한 많은 기법이 있다. 두 가지 주요 기술은 타일 렌더링tiled rendering과 클러스터 렌더링clustered rendering이다. 두 기법 모두 포워드 렌더링이나 디퍼드 셰이딩으로 구현할 수 있다는 점도 주목할 만하다(실제로 씬에 빛이 충분하면, UE4는 기존의 디퍼드 렌더링 대신 타일 렌더링으로 이동한다).

포워드 렌더링에 대한 타일 접근법의 기본 개념은 빛을 계산하기 위해 각 셰이더 프래그먼트가 반복해야 하는 빛의 수를 제한하는 것이다. 이러한 접근은 여러 개의 다른 타일로 뷰를 분할하고, 각 타일에 영향을 주는 빛을 찾는 방법으로 수행된다. 그런 다음 렌더링할 시간이 되면, 프래그먼트는 씬의 전체 빛 중 단지 일부를 반복하기만 하면 된다. 그러나 이 접근법에는 잠재적인 비효율성이 있다. 하나의 타일에 매우 다른 빛의 영향을 받는 두 개의 오브젝트가 포함돼 있으면(주로 서로 멀리 떨어져 있는 물체에서 발생), 오브젝트가 2차원에서 그룹화되기 때문에 이 타일을 분리할 방법이 없기 때문이다. 클러스터 렌더링은 이를 해결할 수 있는데, 뷰를 화면 공간 타일로 분할할 뿐만 아니라 카메라 프러스텀frustum 방향의 클러스터로 분할한다(그림 10.12 참조).

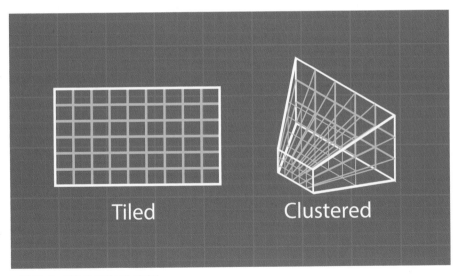

그림 10.12 타일 대 클러스터 렌더링

책을 쓰는 이 시점에서 UE4는 데스크톱에 디퍼드 렌더러를 구현하는 반면, 모바일에서는 포워드 렌더러를 사용해야 한다(모바일에서는 디퍼드 렌더링을 위해 필요한 렌더링 타깃을 처리하는 어려움이 발생하기 때문). 그러나 오늘날 VR의 엄격한 렌더링 요구와 고품질이지만 값싼 안티 앨리어싱의 필요성 때문에, VR 게임의 현 상태에서 포워드 렌더링이 더 좋은 옵션이 될 수 있다. 에픽은 UE4 4.14-4.15 타임라인에서 데스크톱용 포워드 렌더러를 도입해 잠재적으로 VR 개발자가 사용자에게 고품질의 경험을 제공할 수 있도록 할 계획이다. 현재 구현에서 UE4의 많은 렌더링 기능(예: SSR 및 SSAO)은 이러한 기능을 사용하는 데 필요한 G 버퍼가 생성되지 않는 포워드 렌더링을 사용할 경우 활용할 수 없다는 점에 유의한다. 그러나 이러한 단점을 능가하는 기하학적 수준(예: 오브젝트 레벨당 평면 반사)에서 계산되는 조명으로 인한 다른 이점이 있을 수 있다.

인스턴스 스테레오

그림 10.2에서 10.8까지 볼 수 있듯이, 초록색으로 표시된 드로우^{draw} 스레드는 엔진이 드로우 호출을 GPU에 제출하고 렌더링할 것을 알려주는 곳이다. VR의 일반 모니터와 달리, 두 눈을 개별적으로 렌더링해야 한다. 나이브한 접근 방식으로 두 눈을 서로 완전히 독립적으로 렌더링할 수 있다. 그러나 좀 더 현명하다면 두 눈을 동시에 그려 CPU에서 수행되는 작업을 줄일 수 있다. 사실 언리얼 엔진 4.11 에픽은 이 작업을 정확히 수행하는 Instanced Stereo Rendering이라는 기능을 도입했다. 현재 모든 렌더링 기능에서 작동하지는 않기 때문에 기본적으로 활성화되지는 않지만, Project Settings에서 활성화할 수 있다(그림 10.13 참조).

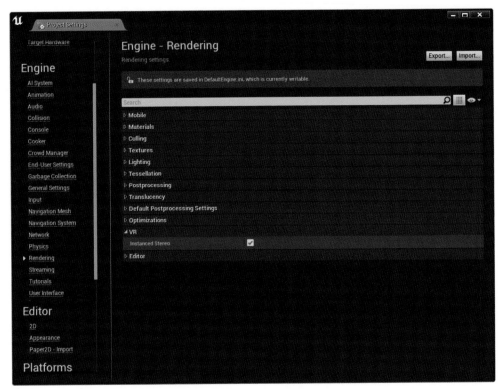

그림 10.13 인스턴스화된 스테레오 렌더링 프로젝트 설정

히든 영역 메시 최적화

VR 헤드셋의 렌즈는 원형 시야각을 갖기 때문에 사용자가 전혀 보지 않는다면 디스플레이의 전체 화면으로 렌더링하는 것이 약간의 낭비가 될 수 있다. 따라서 UE4(버전 4.10 이후)는 보이지 않는 부분을 자동으로 제거하는 히든 영역 메시를 구현한다. 이 기술을 통해 후처리 효과는 사용자가 보는 부분에서만 처리된다. 이 기능은 기본적으로 활성화돼 있다.

VR 프로젝트 설정

새 프로젝트를 생성할 때 UE4는 기본적으로 사용자가 가지고 있는 모든 것을 내보낸다. 따라서 엔진에 있는 기능의 수에 따라 성능이 저하될 수 있다.

이를 막기 위해 개발자가 전환할 수 있는 많은 옵션과 VR 경험을 렌더링하는 데 도움이 되는 몇 가지 프리셋을 제공한다.

먼저, 프로젝트 생성 대화 상자(그림 10.14 참조) 및 Project Settings(그림 10.15 참조)에 Target Hardware 및 Graphics Performance 옵션이 나타난다.

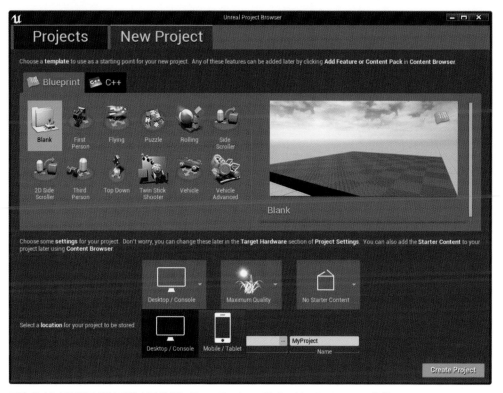

그림 10.14 프로젝트 생성 대화 상자에 있는 Target Hardware 및 Graphics Performance 옵션

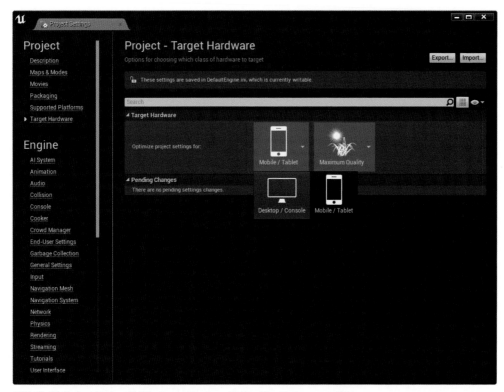

그림 10.15 Project Settings에 있는 Target Hardware와 Graphics Performance 옵션

설정 간의 차이점을 확인하려면 그림 10.16을 참조한다. 그림 10.16에는 각각의
그래픽 품질을 가진 Target Hardware 옵션이 나와 있다. 보다시피, 그래픽 품질을
Scalable로 설정하면 Auto Exposure 및 Motion Blur가 디폴트 후처리 효과에서 제거
된다. 또한 대상 하드웨어가 Desktop으로 설정된 상태에서 Anti-Aliasing을 비활성화
한다. 그러나 Target Hardware가 Mobile일 때는 그래픽 품질을 Scalable로 설정하면
Bloom 및 Mobile HDR이 간단히 비활성화된다. 대상 디바이스를 Mobile로 설정함으로
써 Auto Exposure 및 Motion Blur는 이미 비활성화됐다.

그림 10.16 대상 하드웨어 및 그래픽을 위한 렌더링 설정하기

Motion Blur, Auto Exposure, Bloom, Ambient Occlusion은 VR 게임에서 일반적으로 필요하지 않은 효과이기 때문에 이들 기능을 사용하지 않도록 설정해 성능을 향상시킬 수 있다. 이 기능들을 사용하지 않는 가장 빠른 방법은 프로젝트를 생성할 때 Mobile Scalable 설정을 선택하는 것이다.

Mobile Target Hardware로 이동하면 Separate Translucency가 비활성화돼 성능이 향상되지만 오버랩하는 투명한 표면의 일부 아티팩트[artifacts]가 발생할 수 있다(그림 10.17 참조). 성능을 위해서는 실행 시 문제가 발생하는 경우를 제외하고 비활성화하는 것이 좋다.

그림 10.17 서로 겹치는 두 개의 분리된 반투명 오브젝트(왼쪽: Separate Translucency 옵션 활성화, 오른쪽: Separate Translucency 옵션 비활성화)

성능 요구 사항을 충족시키기 위해 어떤 설정을 낮추려면 Engine Scalability Settings(Settings ➤ Engine Scalability Settings)를 선택한다. 그림 10.18을 참조하라. 실제로는 엔진 설정일 뿐이며 엔진 외부에 패키지로 포함된 프로젝트에는 영향을 미치지 않는다.

그림 10.18 Engine Scalability Settings 메뉴

확장성 설정을 변경해 최종 패키지 게임에 영향을 미치려면 DefaultEngine. ini(〈ProjectName〉/Config/DefaultEngine.ini)의 모든 설정을 [SystemSettings] 배너 아래의 콘솔 명령 형식으로 배치한다.

예를 들어 화면 비율을 변경하는 콘솔 명령은 다음과 같다.

r.screenpercentage=x

여기서 x는 30에서 300 사이의 값으로 화면 비율을 나타낸다.

DefaultEngine.ini에서 화면 비율이 130인 경우 다음과 같이 나타난다.

```
[SystemSettings]
r.screenpercentage=130
```

이를 통해 거의 모든 엔진 기능의 기본값(r.PostProcessAAQuality = x와 같은 안티 앨리어싱)을 변경하거나 HZB 오클루전(r.HZBOcclusion = 0)과 같은 기능을 설정 해제할 수 있다. 이는 기본 오클루전보다 선행 계산량이 많지만 조절은 더 쉽다.

엔진 기능을 끄는 방법을 아는 것은 좋지만 무엇을 끌지는 어떻게 알 수 있을까?

이 질문에 답하기 전에 CPU 바운드인지 아니면 GPU 바운드인지를 알아야 한다. 렌더링 속도가 너무 느려지는 이유가 GPU 때문인가? 아니면 CPU 때문인가?

이에 대한 답변을 얻으려면 콘솔 명령 Stat Unit을 사용한다. 여기에는 전체 프레임과 게임, 드로우 스레드(CPU)와 마지막으로 GPU의 프레임 시간이 표시된다(그림 10.19 참조). 기본적으로 세 가지(게임, 그리기, GPU) 중 가장 높은 것이 CPU 바운드인지(게임 스레드를 사용하는 게임 플레이 로직 때문인지 또는 드로우 스레드를 사용하는 드로우 호출 때문인지에 따라) 아니면 GPU 바운드인지 결정한다.

그림 10.19 Stat Unit 타이밍

무엇에 바인딩됐는지를 알고 나면 UE4의 GPU 또는 CPU 프로파일링 도구를 사용해 프로파일링할 수 있다.

그림 10.19와 같이 GPU 바운드인 경우 콘솔 명령인 ProfileGPU나 단축키 **Ctrl + Shift +**를 사용해 GPU Visualizer(그림 10.20 참조)를 사용할 수 있다. 일단 Visualizer가 열리면 전체 프레임의 렌더링 시간을 찾을 수 있으며 시간이 오래 걸리는 부분을 정확하게 찾을 수 있다.

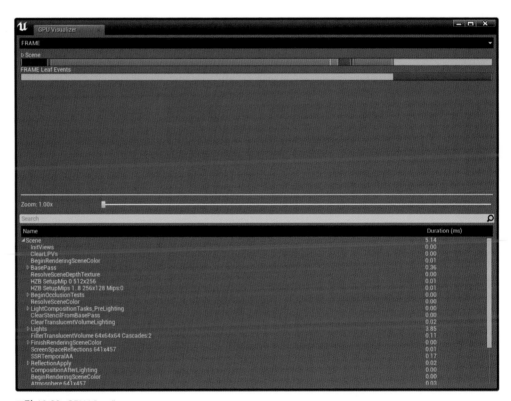

그림 10.20 GPU Visualizer

드로우 스레드에 의한 CPU 바운드인 경우 드로우 호출 제한에 부딪힐 수 있으며 씬에 있는 오브젝트의 수를 제한하거나 일부 오브젝트를 하나의 메시로 결합해야 한다. 드로우 호출을 확인하려면 콘솔 명령 Stat SceneRendering을 사용한다.

CPU가 게임 스레드에 묶여 있다면, Stat Game 콘솔 명령을 사용해 문제의 원인이 무엇인지 살펴볼 수 있다.

요약

10장에서는 현재 VR HMD의 요구 사양으로 인해 VR 씬 렌더링이 왜 어려운지 살펴봤다. UE4와 다른 기법의 영리한 최적화를 통해 충실한 구현과 빠른 응답 속도로 VR 경험 구현을 몇 가지 살펴봤다.

프로젝트를 새로 생성하거나 더 깊고 구체적인 설정으로 변경하고자 할 때, UE4를 통해 쉽게 변경 가능한 기본 프로젝트 설정을 살펴봤다. 마지막으로, 성능 목표를 달성하지 못하는 원인이 될 수 있는 설정을 결정하는 방법을 살펴봤다.

연습 문제

10장에서 배운 기술을 향상시키려면 자신의 게임/경험을 최적화해보거나 에픽이 UE4에서 제공하는 샘플 게임을 분석해보자.

3부

부록

VR 편집기

VR 편집기를 사용하면 게임/경험을 생성할 때 VR에서 어떻게 보이는지 알 수 있다. 모션 컨트롤러를 사용하면 오브젝트와의 풍부한 인터랙션, 이동, 크기 조정, 회전을 통해 매력적인 시각적 경험을 만들 수 있다. 이 부록에서는 VR 편집기 사용을 다룬다.

VR 편집기 활성화하기

VR 편집기는 현재 실험적인 기능이며(4.13 버전), 편집기 기본 설정^{Editor Preferences}에서
활성화해야 한다.

편집기를 활성화하기 위해 Editor Preferences를 연다(Edit ➤ Editor Preferences).
Experimental 탭에서 Enable VR Editor 옵션을 선택한다(그림 A.1 참조). 이 옵션 아래에
서 VR Mode Auto-Entry 옵션을 확인하자. 이것은 근접 센서가 지원되는 헤드셋에서
근접 센서가 활성화되면, VR 편집기로 자동으로 들어가게 한다.

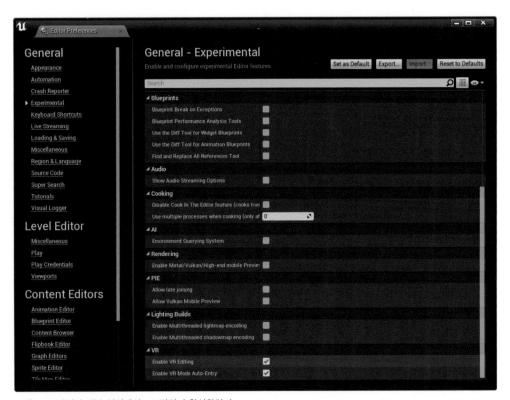

그림 A.1 편집기 기본 설정에서 VR 편집기 활성화하기

VR 편집기를 실제로 열기 위해 편집기 기본 설정 창을 닫는다. 툴바에서 VR 버튼을
클릭하자(그림 A.2 참조).

그림 A.2 새로운 툴바 버튼으로 VR 편집기 전환

VR 편집기 제어하기

VR 편집기를 사용하면, 기존 2D 편집기에서 수행할 수 있는 대부분의 작업을 수행할 수 있다. 그러나 VR에서는 몇 가지 컨트롤을 배울 필요가 있다.

VR 편집기는 모션 컨트롤러를 사용하며, 모션 컨트롤러가 없으면 모든 주요 기능을 사용할 수 없을 것이다. 현재, 편집기는 Oculus Touch와 HTC Vive 컨트롤러를 지원하며 트리거(오브젝트 선택), 그립/사이드 버튼(세계 탐색), 터치패드/조이스틱(Radial Menu 활성화 및 선택된 오브젝트 크기 조절), 메뉴/수정 버튼(보조 액션 수행)을 사용할 수 있다. 이러한 매핑은 컨트롤러를 수직으로 놓고 VR 편집기가 활성화돼 있는 상태에서 확인할 수 있다(그림 A.3 참조).

그림 A.3 VR 편집기 컨트롤러 매핑

월드 탐색하기

VR 편집기에서 월드를 탐색하려면 Move World 버튼(일반적으로 측면 버튼에 매핑됨)을 사용한다. 단일 컨트롤러에서 이 버튼을 누르고 움직이면 마치 스스로를 잡아당겨 월드의 어느 곳으로든 이동시킬 수 있는 것처럼 보인다(그림 A.4 참조). 두 컨트롤러에서 이 버튼을 누르면, 컨트롤러를 서로 가까이 또는 멀리 움직이면서(그림 A.4 참조) 가상 월드를 줌인/줌아웃할 수 있다. 또한 컨트롤러를 서로 회전시킴으로써 월드를 요^{yaw} 축으로 회전시킬 수 있다.

그림 A.4 월드를 탐색하는 VR 편집기

오브젝트와 인터랙션하기

VR 편집기에서 오브젝트와 인터랙션하려면 선택 및 이동 버튼(대개 트리거에 매핑됨)을 사용한다. 컨트롤러의 이 버튼을 살짝 누르면 해당 컨트롤러의 레이저 포인터가 가리키는 오브젝트가 선택된다. 여러 오브젝트를 선택하려면 또 다른 컨트롤러가 오브젝트를 선택하는 동안 먼저 선택한 컨트롤러에서 이 버튼을 지속적으로 살짝 누른다. 이 방법으로 오브젝트를 선택하면 Gizmo 오브젝트(그림 A.5 참조)가 표시되고 해당 Gizmo 컨트롤을 잡아서 선택한 오브젝트를 변경, 크기 변환, 회전시킬 수 있다. VR 편집기에서 오브젝트를 변형하는 다른 방법은 선택된 오브젝트가 Freeform 모드로 들어가는 컨트롤러에서 트리거를 완전히 눌러 Freeform 모드로 들어가는 것이다(그림 A.5 참조). 이 모드에서는 터치패드 또는 조이스틱을 밀어 모션 컨트롤러를 움직이거나 사용자 쪽으로 또는 멀리 밀어 오브젝트를 변경할 수 있다. Freeform 모드로 전환한 후에는 두 번째 컨트롤러로 오브젝트를 선택한 후 컨트롤러를 각각 앞뒤로 이동해 크기를 변경하거나 컨트롤러를 돌려서 오브젝트를 회전시킬 수 있다.

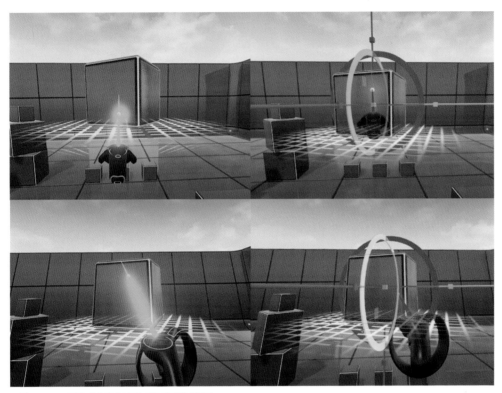

그림 A.5 VR 편집기에서 오브젝트와 인터랙션하기

메뉴와 인터랙팅하기

VR 편집기에는 현재 Radial Menu와 Quick Select Menu라는 두 가지 유형의 메뉴가 있다. Radial Menu는 터치패드에서 손가락을 움직이거나 조이스틱을 움직여 액세스할 수 있으며 Undo/Redo 및 Copy/Paste와 같이 자주 사용하는 바로가기를 포함하고 있다(그림 A.6 참조). Quick Select Menu는 하나의 모션 컨트롤러를 다른 컨트롤러로 지정해 액세스할 수 있다. 스냅 옵션을 변경하고, 기존의 편집기에서 2D 인터페이스

요소에 액세스하고, Gizmo를 제어하고, 게임을 할 수 있는 네 개의 섹션(Grid Snap, Interface, Gizmo, Play)이 포함돼 있다(그림 A.6 참조).

그림 A.6 Radial Menu(왼쪽) 및 Quick Select Menu(오른쪽)에 액세스하는 VR 편집기

인터페이스 섹션에서 옵션을 선택하면 선택한 2D UI 요소가 컨트롤러 끝으로 도킹돼(그림 A.7 참조) 레이저 포인터를 통해 다른 컨트롤러와 상호작용할 수 있다. UI 요소를 도킹 해제하려면 트리거가 있는 요소 아래의 회색 직사각형을 선택하고 도킹된 위치에서 멀리 이동시킨다(그림 A.8 참조). 요소가 도킹 해제되면 해당 위치에 남아있으며 Quick Select Menu에서 더 많은 요소를 가져올 수 있다. 일반적인 UI 요소에 빠르게 액세스하려면 터치패드 또는 조이스틱의 가운데 부분을 눌러 키 윈도우를 전환한다.

그림 A.7 기존의 UI와 상호작용하는 VR 편집기

그림 A.8 UI 요소를 도킹 해제하는 VR 편집기

요약

이 부록에서는 가상 VR에서 VR 세계를 만들고 편집할 수 있는 실험용 VR 편집기를
살펴봤다. 이제 새로운 인터랙션 패러다임을 배우고 VR에서 VR 콘텐츠를 디자인하
고 제작하는 데 필요한 모든 지식을 갖췄을 것이다.

리소스

VR에 대해 더 알고 싶은가? 이 부록은 완벽한 VR 경험을 만들기 위

한 당신의 여행에 유익한 커뮤니티와 리소스를 소개한다.

에픽

에픽은 UE4와 VR 관련 문제를 극복하고 지식을 넓히는 데 도움이 될 많은 리소스를 보유하고 있다. 에픽의 문서는 이 책에서 다루지 못한 엔진 기능에 대한 정보를 제공한다. 질문이 있다면 성장하고 있는 VR 커뮤니티인 Answerhub 및 포럼을 통해 참여할 수 있다. 에픽은 종종 트위치^{Twitch}/유튜브에서 VR을 주제로 다루는 주간 실시간 교육 스트림을 운영한다.

- 문서: https://docs.unrealengine.com/latest/INT/Platforms/VR/index.html
- AnswerHub: https://answers.unrealengine.com
- 포럼: https://forums.unrealengine.com/forumdisplay.php?27-VR-Development
- 유튜브: www.youtube.com/user/UnrealDevelopmentKit
- VR 실시간 교육: www.youtube.com/playlist?list=PLZlv_N0_O1gY7G589Z3I5-Dz7AdFSIWaG

Oculus

Oculus는 플랫폼 및 헤드셋에 대한 다양한 문서를 제공한다. 많은 개발자가 에픽의 다양한 SDK 구현에 의존하기 때문에 일부 중복이 있을 수 있지만, 제공된 베스트 프랙티스 가이드는 일반적으로 중요한 많은 VR 개념을 보여준다. Oculus는 VR 개발자의 프레젠테이션을 포함하는 VR 개발자 콘퍼런스(Oculus Connect)를 매년 개최한다. 강연은 콘퍼런스 이후에 온라인으로 볼 수 있으며 Oculus의 유튜브 페이지에서도 볼 수 있다.

- 문서: https://developer3.oculus.com/documentation/
- 베스트 프랙티스: https://developer3.oculus.com/documentation/intro-vr/latest/concepts/bp_intro/
- 포럼: https://forums.oculus.com/community/discussions
- 유튜브: www.youtube.com/user/oculusvr

- Oculus Connect 2014: www.youtube.com/playlist?list=PLL2xVXGs1SP5 CVE6X3GMSroO2cfHxzeCz

- Oculus Connect 2015: www.youtube.com/playlist?list=PLL2xVXGs1SP4k xSKQsG40PCsItIujwznZ

Valve

Valve는 아직 베스트 프랙티스 가이드를 작성하지 않았다. 하지만 블로그 게시를 통해 빈번히 업데이트되는 SteamVR 개발자를 위한 Steam 커뮤니티를 보유하고 있다. 또한 Valve는 개발자가 대화에 참석하고 모든 개발자와 게임 개발에 관해 토론할 수 있는 연례 콘퍼런스(Steam Dev Days)를 운영한다.

- 문서: http://steamcommunity.com/steamvr
- 포럼: https://steamcommunity.com/app/358720/discussions/
- 유튜브: www.youtube.com/user/SteamworksDev
- Steam Dev Days 2014: www.youtube.com/ playlist?list=PLckFgM6dUP2hc4iy-IdKFtqR9TeZWMPjm

구글

구글에는 다양한 VR SDK와 유튜브 채널에 대한 정보가 포함된 여러 개의 페이지가 있다. 유튜브 채널에는 다양한 플랫폼에서 Daydream/Cardboard를 개발하는 데 필요한 정보와 팁이 포함돼 있다. 또한 구글은 VR에 관한 몇 가지 특색을 다루는 연례 개발자 콘퍼런스(Google I/O)를 개최하고 이를 유튜브에 업로드한다.

- 문서: https://developers.google.com/vr/unreal/
- 유튜브: www.youtube.com/user/GoogleDevelopers
- Google I/O 2016: www.youtube.com/playlist?list=PLOU2XLYxmsILe6_ eGvDN3GyiodoV3qNSC

커뮤니티

때에 따라서는 공식적으로 지원되는 채널에 필요한 정보들이 없을 수 있다. 이 경우,
VR 개발자 커뮤니티가 도움을 줄 것이다.

- Oculus Developer Reddit: www.reddit.com/r/oculusdev
- General UE4 Developer Reddit: www.reddit.com/r/UE4Devs/

오프라인 모임

관련 업종의 사람들과 네트워킹하거나 초청 연사를 통해 새 주제를 배우길 원한다면,
언리얼 엔진 또는 VR을 다루는 다양한 오프라인 모임에 관심을 가져보자.

- UE4 Meetups: www.meetup.com/pro/UnrealEngine/
- SVVR^{Silicon Valley Virtual Reality}: http://svvr.com

콘퍼런스

더 공식적인 개발자 모임을 원한다면, 매년 VR 개발자에게 어필하고 있는 많은 콘퍼
런스를 찾아보자.

- GDC(VRDC)(게임 개발자 콘퍼런스^{Game Developers Conference}): www.gdconf.com
- Oculus Connect: www.oculusconnect.com
- Steam Dev Days: www.steamdevdays.com
- Google I/O: https://events.google.com/io2016/

찾아보기

에이콘출판의 기틀을 마련하신 故 정완재 선생님 (1935-2004)

언리얼 엔진 가상 현실 쿡북

예제로 배우는 VR 개발

발 행 | 2017년 9월 25일

지은이 | 미치 맥카프리
옮긴이 | 이현진, 김명선, 김윤지, 오지혜, 허혜정

펴낸이 | 권 성 준
편집장 | 황 영 주
편 집 | 조 유 나
디자인 | 박 주 란

에이콘출판주식회사
서울특별시 양천구 국회대로 287 (목동)
전화 02-2653-7600, 팩스 02-2653-0433
www.acornpub.co.kr / editor@acornpub.co.kr

한국어판 © 에이콘출판주식회사, 2017, Printed in Korea.
ISBN 979-11-6175-058-3
ISBN 978-89-6077-144-4 (세트)
http://www.acornpub.co.kr/book/unreal-engine-vr-cook

이 도서의 국립중앙도서관 출판시도서목록(CIP)은 서지정보유통지원시스템 홈페이지(http://seoji.nl.go.kr)와
국가자료공동목록시스템(http://www.nl.go.kr/kolisnet)에서 이용하실 수 있습니다.(CIP제어번호: CIP2017024083)

책값은 뒤표지에 있습니다.